기획자의 —— 탄생

기획자의 탄생

회사원이 될 것인가,
기획자가 될 것인가?

박준서·조성후 지음

갈매나무

회사원이 될 것인가, 기획자가 될 것인가

"박 대리! 조성후 이놈, 네 동기 아니냐?"

"어, 성후요? 네, 제 동기예요."

"야, 너희 동기는 하나같이 왜 이렇게 웃기냐? 암튼 요즘 애들은 참 재밌어."

20년 전, 내가 '요즘 애들' 소리를 한창 듣던 시절의 어느 날, 우리 팀 과장님이 사내 게시판에 뜬 홍보 기사를 보더니 유쾌하게 말을 걸어왔다. 그 기사는 입사 동기들은 이미 다 아는 내용이었다. 요즘 말로는 이 한마디로 정리할 수 있겠다.

"조성후가 조성후했네!"

어느 대리의 글로벌 오지랖

．
．　　그 기사는 조성후 대리의 '못 말리는 인도 생활'에 관한 내용이
었다. 조 대리는 2009년에 1년간 인도로 지역전문가 파견을 나가 있었다.
그는 인도에 도착하자마자 한 태권도장을 찾아갔다. 태권도 종주국에서
어릴 때부터 태권도 수련을 한 사람으로서 인도 사람들에게 '태권도 무료
강습'을 해주겠다는 심산이었다.

조 대리가 태권도 사범으로 활동해보고 싶다고 제안하자, 인도 현지인
태권도장 관장은 처음에 황당해하다가 조 대리의 열정과 실력에 반하여
정식 사범으로 임명했다. 당시 인도 현지에서 태권도는 유명 인사나 상류
층이 즐기는 스포츠로, 일본 무술인 가라테보다 무려 네 배나 비싼 수강
료를 내야 배울 수 있었다. 조 대리의 지도를 받은 수강생 중엔 인도 국민
배우인 샤룩 칸의 아들도 있었다.

그다음은 어떻게 되었을까? 조 대리는 샤룩 칸의 아들을 지도한 사범
의 자격으로 샤룩 칸에게 명예단증을 수여했고, 그를 삼성물산 인도법인
홍보대사로 위촉하는 기념식에서 손수 검은띠를 매주기도 했다. 그 자리
에서 삼성물산 인도법인은 20여 개 방송사가 대거 출동한 취재 열기를
간단한 장비와 간식 후원만으로 뒷받침하면서 행사장을 삼성 홍보물로
가득 채울 수 있었다. 급기야 2009년 11월에는 인도태권도협회가 삼성
물산에 감사패를 증정하기에 이르렀다.

조 대리, 조 대표가 되다

'글로벌 오지라퍼'로 기염을 토했던 조 대리가 또 한번은 반도체 중고장비 사업의 주역으로 회사의 스타가 되었다. 그때 동기들은 하나같이 이런 말을 남겼다. "조성후는 회사 하나를 먹여 살리든지 말아먹든지, 아무튼 뭐가 돼도 될 놈이야."

그 시절 우리에게 놀라움을 선사했던 '조 대리'가 어느 날 독립 선언을 하고 '조 대표'로 거듭났다. 중남미 어디에서 식자재 사업을 한다는 얘기도 들려오고, 얼마 후에는 사업이 잘 안 되었다는 얘기도 들려왔다. 이후로도 또 다른 사업에 도전했다가 실패하기를 반복했다. 의외로 성공 사례보다 실패했다는 이야기가 더 많이 들렸다. 그럼에도 불구하고 그를 아는 사람들은 한결같이 말했다. "그놈은 뭐가 돼도 될 거야."

세월이 흐르고, 어느 날 '조 대표'가 돌아왔다. 이번에는 엔터테인먼트 사업이었다. 우리는 새삼스럽지 않았다. 그저 '조성후가 조성후했구나!'라고 여겼다. 이제 우리는 조 대표가 그 분야에서 새로운 뮤직 아티스트를 발굴하고, 새로운 기술을 접목하며, 새로운 스페이스를 창출해가는 성장 서사를 실시간으로 듣고 있다.

내가 인사 선분가로서 '조성후'라는 인물에게 주목한 것은 정작 그의 예측 불가한 성장 서사가 아니다. 오히려 '얼굴빛'이다. 예비 입사자 시절부터 한 기업의 대표가 된 지금까지 20년 세월이 무색하게 한결같은 그의 얼굴빛 말이다. 뭔가 재밌는 꿍꿍이를 잔뜩 머금은 듯한 호기심 어린

그의 눈빛과 표정은 스트레스와 피로에 찌든 업무 현장에서 특유의 빛을 발했다. 그것은 바로 일의 현장을 역동적으로 환하게 밝히는 '기획자 마인드'에서 비롯한다고 본다.

나는 그에게서 기획자의 진면모를 발견한다. 자기 일을 사랑하고 즐기는 마음을 시들게 하지 않고, 끊임없이 세상을 놀라게 할 착상에 매진하며 위험을 관리하고 극복해가는 모습, 그 모든 과정에서 자신의 동기 부여를 놓치지 않으며 협력자들과 고객을 설득하는 일련의 자유와 열정, 기민한 주도성을 눈여겨본다.

기획자의 DNA = D.R.A.W.

나는 조성후 대표를 오랜 세월 지켜보면서 '기획자의 DNA'로 수렴된 그의 속성을 'D.R.A.W.'로 명명하게 되었다. 그리고 이 책에서 기획자가 되는 길을 D.R.A.W.라는 이정표로 안내하고자 한다.

먼저 D는 'detect'로, 기획자가 되려면 날카롭게 기회를 포착하라는 메시지가 담겨 있다. 범인을 뒤쫓는 형사가 아무리 사소한 단서라도 놓치지 않으려 도서 산간을 떠돌며 끈질기게 수사한 끝에 범죄의 전모를 밝혀내는 상황을 떠올려보자. 참신한 기획의 발상은 어떤 고상하고 대단한 사고법으로 얻어지는 것이 아니라, 형사의 수사 행위처럼 발품 팔아가며 예리하게 탐색하는 착실한 실행으로 거머쥐는 것이다.

R은 'risk'로, 기획자가 되려면 위험을 대비하라는 메시지가 담겨 있다. 흔히 놀랍도록 새로운 발상을 하면 자신감이 차오르면서 온몸에 피가 새로 도는 듯한 활력이 넘쳐나 당장 추진력을 가동하고 싶어진다. 그러나 세상은 결코 호락호락하지 않다. 아이디어가 사업으로 실현될 확률이 얼마나 될까? 실상은 그리 높지 않다. 엄밀히 말해 매우 낮다고 볼 수 있다. 기획자가 염두에 두지 못한 위험이 너무 많기 때문이다. 새로운 생각이 번뜩여 심장이 뜨거워질 때마다 차가운 이성을 발휘해야 한다.

A는 'approach'로, 기획자가 되려면 전략적으로 접근하라는 메시지가 담겨 있다. 인류가 위험의 소지나 실체가 있을 때마다 목표 추구를 포기했다면 우리 문명사에는 아무것도 존재하지 않았을 것이다. 기획에서도 중요한 것은 위험을 감안하면서도 목표를 향해 전진하는 전략이다. 위험을 뚫고 목표를 향해 전진하지 않으면 그 목표는, 그 시장은, 그 고객은 경쟁자에게 빼앗길 뿐이다.

마지막으로 W는 'word'로, 기획자가 되려면 나의 아이디어를 사람들에게 전달해야 한다는 메시지가 담겨 있다. 기획은 머릿속에만 머무는 생각으로 그쳐서는 안 된다. 말과 글로 표현해야만 외부 세계와 만나 공유되거나 상호 작용을 하며 기획의 가치를 온전히 실현할 수 있다. 기획을 구현하는 과정에서 동료를 설득하고, 파트너와 계약을 맺고, 고객에게 알리는 모든 매개가 언어다.

수많은 실패와 좌절 속에서 힘겨운 싸움을 벌여온 조성후의 삶을 생동감 있게 전하고자 D.R.A.W. 각 키워드를 여는 이야기로 삼았다. 이어지는 본문에서는 실패를 복기하고, 자신만의 정석을 정리하며 적용해나간 노하우들을 구체적으로 소개한다. 그도 처음부터 능숙한 기획자는 아니었다. 하지만 점점 노련한 전략가로 성장하는 그의 도전기를 독자들이 따라가보며, 그가 겪었던 실패와 좌절은 줄이고 성장의 속도는 높일 수 있기를 바라본다.

전문가 양성 시스템의 노하우를 한눈에

당신이 일하는 회사의 조직 체계에는 인재개발팀이나 교육팀이 있는가? 있다면 업무 여건이 좋다고 볼 수 있다. 그런 부서를 갖출 여력이 없는 회사가 꽤 많기 때문이다. 혹시 옆에서 일을 가르쳐주는 선배가 있더라도 그에게서 기획 업무를 차근차근 배울 여건이 안 되는 경우도 많다. 그 역시 자신의 선배에게 제대로 배울 기회를 얻지 못했기 때문이다.

이 책의 콘텐츠를 마련한 조성후 대표와 나는 '2000년대 중반 대기업의 신입사원'으로서 인재 양성 시스템의 혜택을 넉넉히 누린 사람들이다. 당시 대기업 신입사원은 한 3년간 양성 대상의 인재로 대접받았다. 오죽했으면 이런 말이 돌았을까?

"3년 차 미만 신입들이 출근을 안 하면 회사는 더 잘될 거야. 돈도 더 많이 벌고."

이는 조직의 실무를 핵심적으로 수행하는 대리급 직원들이 신입 교육에 시간과 에너지를 할애하느라 업무 몰입에 차질이 생기는 현실을 개탄한 말이었다.

시대가 바뀌고 경영 환경도 급변함에 따라 우리가 과거에 누린 수혜가 전설처럼 되어가는 현실을 지켜보면, 아무래도 후배 세대에게 종종 안타까운 마음이 든다. 그 마음이 이 책을 써야 한다는 책임감으로 이어졌다. 이 책에서 조성후 대표와 나는 우리가 경험한 현장의 이야기를 최대한 생생하게 재현하려고 노력했다. 이 책을 통해 기획 전문가의 특훈, 업무 달인이 전수하는 노하우, 사업 현장을 세계로 확장한 인사이드 스토리를 만나보길 바란다.

2024년 3월

박준서

⑤ Word, 사람의 마음을 움직이라

✦ 대중을 사로잡기까지 말과 글의 힘 185
— 사자레코드 〈멀티테이너 발굴 프로젝트〉 기획서

1

열정과 직감만으로는
기획할 수 없다!

◆

기획이 어려운 당신을 위한 D. R. A. W. 전략

시작도 끝도 보이지 않는다?

"너희 부서 사원들도 신사업 기획서 하나씩 써야 해?"

"어. 3년 차부터는 다 하나씩 써야 한대."

"아, 진짜 미치겠다. 선배들 보니까 10페이지 넘게 쓰던데, 난 정말 기획서나 보고서 같은 거 생각만 해도 싫어. 대학 다닐 때도 리포트 쓰기 싫었는데 회사 다니니 더한 것 같아. 망했어."

짧게나마 입사 동기들과 서로 신세한탄하며 나만 고생하는 게 아니구나 하는 작은 위로라도 얻었던 점심시간이 끝나고, 자리에 앉은 조성후 사원의 머리는 금세 복잡해진다. 당장 이번 주까지 내년도 신사업 기획서를 써야 하는데, 그저 막막하다.

사실 어제 저녁까지만 해도 조 사원의 가슴에는 즐거운 해방감이 가득했다. 일주일간 고민에 고민을 거듭하며 썼던 신사업 기획안을 드디어 마쳤기 때문이다. 나이지리아 지역에서 중소형 선박(서아프리카 항로 운행) 수리 조선소를 운영한다는 아이디어는 생각만 해도 멋있어 보였다. 무엇보다 나이지리아 영업 담당인 제임스가 보내준 현지 자료는 어디서도 구할 수 없는 독점적 내용으로 가득했다. 일주일 동안 조 사원은 자신이 선박왕이 되어 지중해 크루즈 선상에서 파티를 여는 모습을 그리며 행복했다. 완벽한 기획서를 작성해 어젯밤 팀장님에게 보내는 이메일의 발송 버튼을 누르는 순간, 해방감과 설렘이 가득했다.

그 벅찬 마음이 비눗방울 터지듯 허무하게 사라진 것은 오늘 아침 팀회의 때였다.

"조 사원이 신사업 기획을 냈네. 어디 보자. 나이지리아…… 안 돼! 그 지역은 전쟁 많고 사기범죄 많아. 다른 기획 아이디어 주말까지 다시 제출해."

미래의 선박왕을 그리며 잔뜩 부풀었던 조 사원의 마음은 완벽하고 참신했던 자기 아이디어가 단칼에 잘리면서 바람이 다 빠져나갔다. 사실 그런 심정보다 더 힘든 것은, 아이디어를 발굴하고 뒷받침 자료를 찾고 예상이익을 계산하고 하는 그 모든 과정을 또다시 반복해야 한다는 현실이었다. 힘든 과정을 하나하나 거쳐 만들어낸 기획서를 처음부터 다시 시작해야 하는 입장은 정상인 줄 알았던 봉우리에 오르는 순간 눈앞에 더 높은 봉우리가 보여 그만 주저앉아버리는 것처럼, 제대했는데 다시 군대 가야 한다는 소리에 까무러치는 것처럼 감당하기가 어렵다. 그것이 얼마나 힘든지 내 몸이 알고 있기 때문이다.

지난주 미래의 선박왕을 떠올릴 때는 아프리카 해안에 수리용 조선소를 건설하는 장면이 눈에 선했다. 수많은 아이디어가 샘솟았다. 그런데 다시 새로운 사업을 찾으려 하니 눈앞이 깜깜했다. 도무지 하기 싫은 마음이 아이디어의 문을 꽉 닫아놓은 것처럼 답답하기 짝이 없었다. 이런 조 사원을 옆에서 지켜보던 김 대리가 한마디 던진다.

"조 사원, 지금 너무 하기 싫지?"

"제 얼굴에 그렇게 써 있어요?"

"조 사원이 일을 싫어하면, 일도 조 사원을 멀리한다."

김 대리가 불쑥 던진 그 말을 조 사원은 아직도 생생하게 기억한다.

내가 일을 싫어하면, 일도 나를 싫어한다

새롭고 좋은 것을 떠올리기 위해서는 긍정적이고 즐거운 마음 상태에서 그 대상을 충분히 생각해야 한다. 여행이나 데이트를 준비하는 과정이 좋은 예다. 찾아갈 명소나 함께할 연인을 설레고 즐거운 마음으로 계속 생각하다 보면 새롭고 근사한 아이디어가 자꾸 떠오른다.

반면에 어떤 대상에 대해 부정적이고 괴로운 생각이 든다면 새롭고 번뜩이는 아이디어가 잘 떠오르지 않는다. 그 대상을 떠올리면 불안감이 엄습하여 두뇌 활동이 위축되고 그 대상을 생각하는 것 자체를 피하게 된다. 이런 현상은 우리 현장에서도 매일 반복되지 않는가?

그럼 우리는 왜 어떤 일에 대해 생각하지 않게 될까? 먼저, 일을 미워하는 경우가 있다. 내가 어떻게 하는지 잘 알고 능히 해낼 수 있는 어떤 일이 있다고 하자. 그런데 그 일이 사회적으로 옳지 않거나, 함께하는 동료에게 내가 좋지 않은 감정을 갖고 있거나, 그 일을 계속하는 것이 나의 커리어에 도움이 되기보다 오히려 방해가 된다면 아무래도 그 일을 미워하게 된다. 그러면 그 일에 대해서 생각하기가 싫고, 더 나은 방법이나 더 높은 수준의 목표를 추구하기보다 기존 수준에 안주하게 된다.

때로는 일을 두려워하는 경우도 있다. 반드시 해야 하는 일이라는 것은 알지만 그 일을 하는 방법을 모르거나, 방법을 알더라도 성공시키기가 매우 어려울 때 일 자체를 두려워하게 마련이다. 그때 일은 나에게 과중한 피로감이나 실패에 대한 두려움으로 다가온다. 따라서 그 일에 대해 많은 생각을 하게 되는데, 그 생각이라는 것이 문제 해결을 위한 적극적이고 긍정적인 탐구가 아니라 막연한 두려움과 걱정이기 쉽다. 두려움과 걱정은 참신한 착상에 도움이 되지 않는다. 정신적 피로도만 높일 뿐 좋은 기획으로 연결되지 않는다.

두려움을 버리고 작은 성공을 모으자

어떤 창업자 또는 CEO는 말한다. 24시간 일을 해도 지치지 않고, 24시간 일에 대해 생각하다 보니 새로운 아이디어가 끊이지 않는다고. 옆에서 보면 정말 그런 것 같다. 하루 종일, 일주일 내내, 1년 내내, 평생 일만 생각하는 것 같다. 그러다 보니 남들은 보지 못하는 것을 보고 새로운 아이디어를 쏟아낸다. 그러면서 직원들에게 자기처럼 일을 하라고 은근히 부추기기도 한다.

그런데 모든 직장인이 그들과 같지는 않다. 이는 능력의 문제이기보다 입장 차이의 문제다. 쉴 새 없이 쏟아지는 지시 사항들을 기계적으로 쳐내야 하는 직장인들로서는 창업자나 CEO와 같은 마음을 갖기란 불가능하다. 그렇다면 우리 직장인들은 영원히 괴로워야 할 운명인가? 그것은 너무 가혹하다.

일을 사랑하면 좋지만 그렇게 할 수 없다면 일과 어울리기라도 해야 한다. 우리가 어떤 사람을 사랑하거나 호감을 갖고 있진 않아도 큰 문제 없이 함께 어울려야 하는 상황이 있듯이, 우선 일과 어울리는 방법을 모색해야 한다. 그렇게 자주 일을 대하면 익숙해지고, 익숙해지다 보면 사랑할 수도 있다는 기대감을 갖고 말이다.

그럼 일과 어울리려면 어떻게 해야 하는가? 우선 그 일을 접하는 당신의 몸과 정신이 건강해야 한다. 어떤 업무가 잘 풀리지 않아 스트레스를 받고, 잠을 못 이루고, 다음날 피곤해지고, 업무가 더 꼬이고, 스트레스를 더 많이 받는 악순환을 당장 끊고 최고의 몸과 정신의 상태로 그 일을 대하도록 스스로를 준비시켜야 한다. 당신이 피곤하면 아무리 매력적인 일도 보기가 싫다.

그리고 그 일을 위한 시간을 확보하면 좋다. 어떤 사람들은 어렵고 중요한 일에 집중하고자 아침이나 오전 시간을 따로 확보하곤 한다. 혹시 당신이 사무실의 막내여서 온갖 잡무를 다 해야 하는 상황이라면 이런 시간이 더욱 필요하다. 주변의 양해를 구해서, 스스로 중요한 일에 집중할 수 있는 시간을 확보하라. 오직 그 시간에 주요 업무에 집중하면, 몰입하고 생산적인 스스로의 모습에 반하기도 한다. 그런 상태에서 만나는 일은 좀 더 매력적으로 보인다.

주변 사람들에게 그 일에 대해서 자주 얘기하는 것도 좋다. 그러면 각자 입장에서 다양한 시각을, 색다른 해결책을 주고받을 수 있다. 최소한 남들이 하는 푸념을 듣다 보면, 나만 혼자 고생하는 것은 아니라는 위로라도 얻는다. 이런 작은 심리적 지지가 내 일에 실질적으로 도움을 줄 수 있다.

기획은 목표 설정부터 해결책까지 하나하나 새롭게 해나가야 해서, 일 처리의 프로세스가 정해져 있는 업무들에 비해 어렵다. 그래서 일이 매번 낯설고 실패에 대한 부담감이 크다. 결국 이를 극복할 가장 좋은 방법은 작게라도 성공을 경험함으로써 기획에 대한 자신감과 기대감이 붙도록 하는 것이리라.

그 첫발은 기획 업무에 대한 두려움과 미움을 버리는 것이다.

생각의 도구를 모른다?

"조 사원, 내일 기획팀 김 상무님 사내특강 있는 거 알아? 기획서 작성으론 우리 회사뿐 아니라 그룹 전체에서도 인정받는 분이야. 내일 특강 꼭 참석해."

어제 아침 회의 때 임 팀장이 한 말을 떠올리며 교육실에 도착한 조 사원. 예상대로 입사 동기들이 많이 와 있었다. 모두 기획서 작성을 어려워하는 것은 마찬가지다. 시간이 되자 바로 기획팀 김 상무가 교육을 시작한다. 그의 손안에는 노트 몇 권이 있다.

"내 경쟁력의 핵심은 이 필살기 초식 노트입니다."

'초식'이란 무협물에 나오는 단어인데, 정의하자면 공격이나 방어를 하는 기본 기술을 연결한 연속 동작을 의미한다. 무협 영화나 소설에서는 남들에게 알려지지 않은 극강의 초식이 있어서 이를 몇십 년간 수련한 고수는 자기가 익힌 연속 동작을 통해 어떠한 적의 공격도 막아내고 상대의 수비도 뚫어낸다.

김 상무는 그의 팀원들에게 자신의 초식 노트를 보여주고 팀원들도 각자의 노트를 만들게 했다. 그의 노트에 있는 내용은 어떤 상황이나 대상을 파악하기 위한 프레임들이었다. 예를 들어 과거-현재-미래, 서론-본론-결론, Why-What-How, S-W-O-T, Situation-Behavior-Impact, Plan-Do-See, 작용-반작용, 正-反-合, 성장기-성숙기-쇠퇴기, 天-地-人, 시간-공간-인간, Techno-Socio……

어떤 것은 일반적이고 평범하고, 어떤 것은 무슨 뜻인지 모르겠고, 어떤 것은 기괴하기도 했다. 김 상무는 이런 프레임 수백 개를 갖고 있다고 했다. 그는 필살기 초식 노트에 세상을 보고 설명하는 수많은 프레임을 모아두었던 것이다. 그중에는 학계와 업계에서 자주 쓰는 용어도 있고 그가 만들어낸 기상천외한 용어도 있었다.

김 상무가 이야기를 이어간다.

"여러분은 도구의 특징이 뭔지 아세요? 도구는 써보고 쓸 수 있는 사람만 그 가치를 안다는 것입니다. 제가 지금 말씀드린 이 초식들은 생각의 도구입니다. 생각의 도구 역시 같습니다. 써본 사람만이 그 가치를 압니다. 그런데 그거 아시나요? 도구를 쓸 수 있었던 인류는 성장하고 번영했는데, 그렇지 못한 인류는 멸종했습니다. 생각의 도구도 마찬가지일 겁니다."

모든 것을 자연의 눈과 감각으로 단순하게 받아들이는 것이 아니라, 그 대상에 어울리는 도구인 프레임을 통해 쪼개 보는 습관을 가진 그 임원은 남들이 보지 못하는 것을 잡아내는 능력 또한 탁월했다. 그는 사물을 관찰하는 자기만의 도구를 갖고 있었기 때문이다.

김 상무의 말에 관심 없는 동기들이 여전히 많았다. 그러나 몇몇은, 그리고 조 사원은 생각의 도구라는 것을 입으로, 마음으로 읊조리고 있었다.

명장은 도구를 잘 쓴다

평생을 피아노 조율에 바친 장인이 있다. '예술의 전당' 피아노를 전담하는 대한민국 피아노 조율 명장 1호인 이종열 조율사. 조성진을 비롯해 조지 윈스턴, 크리스티안 지메르만 같은 세계적인 피아노 거장들이 감탄하고 특별히 감사를 표현할 정도의 마스터인 그가 방송에 나왔다. 인상적인 장면이 여럿 있었는데, 그중에서도 눈길을 끄는 것은 그가 항상 휴대하는 가방이었다. 한눈에도 오래되고 꽤 무거워 보이는 그 가방을 열자, 어떻게 그 많은 게 다 들어갔나 싶게 수많은 도구들이 한꺼번에 튀어나왔다. 망치만 해도 여러 가지였다. 우리는 다 알고 있지 않나? 각 분야의 명장들이 작업을 하기 위해 얼마나 많은 도구를 사용하는지 말이다.

우리 사무실의 명장들도 마찬가지다. 그들은 펜이나 종이 같은 보이는 물건만이 아니라 머릿속에 정리되어 보이지 않는, 사물을 분석하는 생각의 틀도 도구로 쓴다. 그것을 이른바 '프레임 frame'이라고 한다. 그렇다면 당신은 사물을 분석하거나 발상을 하는 데 유용한 도구를 얼마나 많이 갖고 있는가? 달리 말해, 당신이 자유자재로 사용할 수 있는 생각의 도구, 즉 프레임이 있는가?

우리는 SWOT, Five Forces, Value Chain 등 매우 다양한 비즈니스 프레임을 학교나 회사에서 듣거나 사용하여 알고 있다. 그런데 우리가 그 프레임을 안다고 해서 자유자재로 사용할 수 있다는 뜻은 아니다. 손에 잡히는 도구를 사용할 때처럼 생각의 도구 역시 사용법을 아는 것만으로는 한계가 있다. 실제로 써보고 연습을 지속함으로써 머리가 아닌 나의 몸이, 나의 근육이 기억할 때까지 숙련해야 자유자재로 사용할 수 있다.

당신이 다양한 생각의 도구를 알지 못하거나 그런 도구를 충분히 사용하지 않은 입장이라면, 상황을 분석하거나 발상을 할 때 어느 쪽으로 생각의 힘을 쏟아야 할지 갈피를 못 잡을 가능성이 높다. 생각의 도구를 쓸 줄 안다고 해서 정확한 분석과 기발한 발상이 보장되는 것은 아니다. 그러나 이러한 도구는 당신이 생각의 힘을 집중해야 할 초점을 잡아준다. 그럴 때 분석과 발상의 문이 열릴 가능성이 더 커진다.

그렇다면 사무실에서 생각의 도구를 어떻게 숙련할 것인가? 제각각 방법이 있을 텐데, 어떤 방법이든지 간에 직접 실천하는 것이 중요하다. 당신이 상사의 요청으로 기획서를 작성하거나 팀회의에 들어갔을 때, 또는 동료와 의견을 나눌 때, 당신의 생각을 말하거나 문서로 작성하기 전 반드시 생각의 도구를 적용해서 대상을 분석해보는 습관을 들이자. 당신이 팀장이라면 팀원들과의 회의, 업무 지시, 업무 보고의 자리에서 두서없이 대화하지 말고, 생각의 도구를 따라 이야기를 진행해보자. 물론 하루아침에 눈에 띄는 변화가 있지는 않다. 모든 연습은 축적의 시간이 필요하다. 그리고 당신의 땀은 당신을 배신하지 않을 것이다.

주먹구구 습관이 당신을 퇴화시킨다

피아노 조율의 도구이든, 생각의 도구이든 써본 사람이 그 가치를 잘 알고 더 필요로 한다는 말의 뒷면은, 그 도구를 쓰지 않더라도 낮은 수준에서 업무가 진행될 수 있다는 것을 의미한다. 쉽게 말해, 우리의 업무 현장에서 머리 아프고 복잡한 프레임을 사용하지 않더라도 기존의 기획서를 따라 하는 수준에서, 보고받는 사람의 피드백으로 여러 번 수정하는 방법으로 어느 정도 업무가 진행된다. 이렇게 '업무가 진행된다', '일이 된다'는 경험 때문에 더 적극적으로 생각의 도구를 사용할 필요를 못 느낀다.

그러나 당신이 '일이 된다'는 수준에 머물며 기존의 방법을 반복한다면, 그것이 바로 매너리즘이다. 업무의 목적과 목표를 생각하지 않고, 기계적인 반복만 하게 되면 지식근로자로서 당신의 역량은 퇴화한다. 인간의 능력은 계속해서 가다듬지 않으면 쇠퇴하기 마련이다. 지속적인 운동을 하지 않으면 근육이 손실되고, 매일매일 연습하지 않으면 악기를 다루는 감각이 금방 없어지듯이 지식근로자의 역량 또한 지속적으로 가다듬어야 한다. 매너리즘이라는 것은 소리 없이 지식근로자의 능력을 좀먹기 때문이다.

생각의 도구를 쓰는 능력은 어떻게 키우는가?

역량이라는 것은 어떤 일을 완성도 있게 해내는 데 필요한 지식 knowledge, 기술skill, 태도attitude 의 집합체라고 할 수 있다. 생각의 도구를 포함한 모든 기술, 노하우, 필살기는 이러한 세 측면을 모두 갖춰야 그 수준을 높일 수 있다. 일단 이 장에서는 생각의 도구에 초점을 맞춰보자. 지식근로자들이 생각의 도구를 잘 쓰기 위해서는 어떤 과정이 필요한가?

우선 생각의 도구에 대한 '지식'이 있어야 한다. 다양한 비즈니스 프레임을 공부해서 프레임별로 정의, 용도, 장단점을 명확하게 이해하고 있어야 한다.

그다음에는 내가 아는 프레임을 반복적으로 사용하여 '기술'을 늘려야 한다. 기술에서 중요한 것은 '방향성이 있는 반복'이다. 자신의 사용 기술에서 보완할 점을 파악하고 수정해서 완성도를 높이는 방향으로 계획된 반복을 지속해야만 기술이 성장할 수 있다. 사람들은 반복을 통해서 기술을 높일 수 있다고 하지만, 능동적으로 보완점을 파악해 개선을 꾀하는 계획된 반복이야말로 성장 그래프의 기울기를 비약적으로 높이는 비결이다.

지식과 기술을 갖추었다 해도 그것을 적용하고자 하는 적극적 '태도'가 없으면 그 역량은 표출되지 않는다. 엄밀히 말해, 표출되지 않는 지식과 기술은 역량이라고 하지 않는다. 그것은 잠재력으로 볼 순 있어도, 실제 성과를 만들어내는 역량으로 볼 수는 없다. 사람들은 지식이나 기술에 비해 태도의 중요성을 간과하기도 한다. 태도라는 것을 비교적 덜 전문적인 영역으로 여겨서인지, 흔히 '내가 안 해서 그렇지, 하려고 마음만 먹으면 언제든지 할 수 있다.'라는 근거 없는 자신감으로 접근하는 편이다.

그러나 부족한 지식을 보완하는 것보다 나태한 태도를 바로잡는 것이 더 어렵다. 사소한 상황에서도 적극적으로 임하는 태도는, 그것이 한두 번이면 선택이지만 반복되면 습관이 되고 수년간 습관으로 다져지면 도저히 바꿀 수 없는 역량, 즉 당신의 능력이 된다.

누가 무엇을 원하는지 감이 없다?

임 팀장은 조 사원에게 경쟁사 상품에 대한 리포트를 이메일로 요구했다. 며칠 전 "기획의 달인"인 기획팀 김 상무의 사내특강을 인상적으로 들은 조 사원은 생각의 도구라는 것을 사용하고 싶었다. 보고서의 개요를 디자인하며 시장 분석, 경쟁사의 개요와 주요 상품, 우리 상품과의 매출 비교에 이르기까지 생각할 수 있는 모든 분야의 자료를 모은다. 보고서를 준비하는 동안 조 사원은 한시도 머리에서 보고서를 잊은 적이 없다. 매일매일 더 조사해야 할 부분이 떠올랐고, 더할 나위 없이 완벽한 보고서를 작성하려 준비하고 있었다. 이제 이틀 정도 마무리하면 작품이 나올 것 같았다. 그때 조 사원을 부르는 임 팀장.

"내가 며칠 전에 얘기한 경쟁사 비교 리포트 준비되었나?"

"네, 보고서 틀을 잘 세우고, 자료 조사를 충분히 해서 완벽하게 준비하고 있습니다."

조 사원은 자신 있었다. 그런데 임 팀장의 반응이 뜻밖이었다.

"아니, 내가 얘기한 지가 언젠데, 아직도 완성을 못 했어? 답답하네. 김 대리, 여기 와봐."

그다음 일들은 조 사원 다리에 힘을 빼놓았다.

"김 대리, 경쟁사 상품 리포트를 오늘 퇴근 전까지 갖고 올 수 있나?"

"네, 팀장님. 특히 필요하신 정보가 있을까요?"

"그래, 김 대리. 최근에 경쟁사에서 인도 시장에 내놓은 생활용품들 있 잖아, 어떤 제품인지 목록 좀 구할 수 있을까?"

"아, 팀장님. 그 목록이라면, 경쟁사 홈페이지에 있는 상품 카탈로그에 대부분 나와 있을 것 같은데요."

"아, 그런가? 그럼 그 카탈로그 좀 출력해줄 수 있나?"

"네, 팀장님. 카탈로그를 확보해드리겠습니다. 더 필요하신 정보가 있 다면 바로 말씀해주세요."

"아, 그렇게 하도록 하지."

김 대리는 채 10분도 안 되어 경쟁사의 카탈로그를 가져갔다.

"김 대리, 혹시 이 제품들 중에서 뭐가 가장 잘 팔리는지 알 수 있을까?"

"팀장님, 그건 우리 인도 현지 팀에 문의해봐야 알겠습니다."

"아, 그럼 그렇게 수고 좀 해주게. 고마워. 역시 우리 팀 에이스 김 대리야."

이 장면을 보는 조 사원의 머리는 복잡했다. 자기는 며칠 전 기획팀 김 상무에게 배운 대로 작품 같은 보고서를 준비하기 위해 며칠을 고생했는 데, 김 대리는 단 10분 만에 임 팀장의 칭찬을 받은 것이다. 김 대리와 자 기의 차이점은 도대체 무엇일까?

고객을 만나야 얻을 수 있는 것

결국 모든 사업의 최종 목표는 고객을 만족시키는 것이다. 우리 제품을 구매해주는 소비자든, 나의 보고서와 서비스를 이용하는 내부고객이든 내가 하는 업무를 통해 상대방인 고객이 만족을 얻으면 나는 성공하는 것이다.

기획을 떠올리면서 제갈공명과 같은 책사를 떠올리진 않는가? 치열한 전투의 현장 뒤편에 숨어 몸이 아닌 머리로 싸우는 책사 말이다. 그런데 기억해야 할 점이 있다. 제갈공명도 적벽대전을 준비하려고 유비보다 앞서 동오를 찾아가 그곳의 지형과 기후 정보를 샅샅이 파악하는 현장 조사를 했다는 사실이다. 기획은 머리뿐 아니라 다리로도 해야 한다. 기획 담당자가 당장 오늘 다리로 찾아가 만나야 할 대상은 바로 고객이다.

그럼 고객을 만나 무엇을 얻어야 하는가?

우리는 고객에게서 그들의 고통 pain 을 본다. 불편이 발명을 이끌어내듯이, 고객의 '고통'을 해소해주는 데서 사업은 출발한다. 고객의 '고통'이 강할수록 그것을 해소해주는 제품이나 기술은 필수품이 된다. 생명이 걸린 위급 상황, 개인의 자유와 재산이 왔다 갔다 하는 결정적 순간에 서비스를 제공하는 의사나 변호사의 어마어마한 보수는 이러한 측면에서 납득이 간다. 배고픔, 추위, 위협에서 우리를 지켜주는 제품들이 의식주라는 이름으로 필수품의 대명사인 것도 쉽게 이해가 된다.

그리고 고객은 필요 need 를 갖는다. 입시 공부의 고통이 크고 비용 부담이 어마어마한 현실에서 유명한 일타강사의 수업을 온라인으로 제공해주는 서비스는 우리나라 대부분의 입시생들에게 절대적으로 필요한 히트 상품이 될 수밖에 없었다.

아울러 고객은 욕망^{desire}을 갖는다. 남들의 부러움을 사고 남들보다 뛰어나고자 하는 욕망. SNS 서비스는 창시자들이 처음 주장했던 '사람들 사이의 연결'만으로는 지금의 성공을 이룰 수 없었을 것이다. 남들에게 돋보이고자 하는 욕망이 오늘날의 SNS를 이끌고 있다 해도 과언이 아니다.

고객과의 만남으로 고객에 대한 정보만 얻을 수 있는 것은 아니다. 어쩌면 우리가 얻어야 할 가장 중요한 것은 고객이 보는 우리의 객관적인 모습이다. 나를 둘러싼 회사와 조직에 대해 내부자 관점에 머물러 있으면 객관적으로 나 자신을 보기가 어렵다. 찬양하거나 경멸하든지, 무관심하거나 극단적이든지 주관적으로 보기 쉽다. 그럴 때 외부에 있는 고객은 우리 회사와 조직의 위치나 문제를 객관적으로 알려준다. 회사들이 내부의 문제를 해결하기 위해 외부 컨설팅을 받거나, 고객을 만날 수 있는 시장으로 직원들을 보내는 것은 그런 이유에서다. 개인 차원에서도 마찬가지다. 나의 기획안, 나의 보고서를 받는 상사, 동료, 고객의 피드백이 나의 객관적인 모습일 경우가 많다.

기획의 첫걸음은 목표 설정이다

고객과의 만남을 통해 그들의 고통, 필요, 욕망을 이해하고 우리 자신의 객관적 위치를 파악했다고 치자. 그다음은 무엇일까? 우리는 왜 고객에게서 그런 것들을 알아내고자 했을까?

단연코, 고객에게 얻은 정보를 바탕으로 우리가 해야 할 일은 목표 설정이다. 경영 계획이나 부서 전략을 작성해본 모든 직장인은 알 것이다. 가장 어렵고 핵심적인 부분은 바로 '핵심과제 선정'이 아니던가? 고객으로부터 얻은 모든 정보는 이 '핵심과제 선정'을 위한 예고편이다. 회사가 생존하고 성장하는 데 가장 효과적인 과제를 선정하는 것이 기획 업무의 50% 이상이라 해도 과언이 아니다(나머지는 그것을 빈틈없이 실행하는 위험 관리와 실행 계획일 것이다).

이 과제 선정이라는 것이 생각보다 쉽지 않다. 우리를 월급쟁이로 정의할 때, 우리는 과제를 정하는 위치가 아니라 정해진 과제를 수행하는 위치가 더 익숙하기도 하다. 상사의 지시에 따라 일하는 사람으로 자기 자신을 정의하는 직장인의 한계는 과제 선정의 능력이 부족해진다는 점이다. 자기 조직, 최소한 자기 업무에 대한 애정과 고객의 문제를 해결해주겠다는 승부 근성이 있어야 제대로 된 과제 선정을 할 수 있다.

숨은 위험을 알아차리기 어렵다?

주재원 1~2인이 파견된 해외 지점의 경우, 해당 주재원은 한국 본사에서 요청하는 서류 작업에 묻혀서 정작 중요한 현지 영업 활동을 못 한다는 불만이 속출했다. 조 사원의 동기인 인사팀 박 주임이 요즘 그 문제를 담당하고 나서 고생이 많다는 소문이 돈다. 엘리베이터에서 만난 두 사람.

"박 주임, 가나의 최 부장님 알지? 지난주에 들어오셔서 같이 식사했는데, 고생이 너무 많으시더라. 현지 직원들 일일 근태 보고서 작성까지 부장님이 다 하신대. 그러니 영업을 어떻게 하겠어? 1인 주재원들 불만이 많대."

"성후야, 나도 죽겠어. 인사팀 긴급 과제로 1인 주재원 지점의 인력 확보 방안을 만들어내라는데. 인건비는 뻔하고 지점들도 살림이 빠듯할 텐데…… 사람을 어떻게 늘리냐? 한 달째 보고서 쓰고 있는데, 우리 부장님은 맨날 추 과장님이랑 나만 들들 볶으셔."

"박 주임, 내 생각인데 말야, 1인 주재원에다가 신입들을 보내면 어떨까? 주재원처럼 고비용이 들게 하지 말고, 단기 파견 정도로. 종합상사 오는 친구들은 해외 경험을 제일 원하는 거 아니겠어? 신입들은 해외 경험을 하면서 일도 배우고, 1인 주재원들은 단순 업무를 신입들한테 맡기며 핵심 영업에 집중하고, 서로 윈윈일 것 같은데."

"어, 그거 말 되는데. 한번 알아볼까? 역시 넌 정말 기발해."

"'기발' 하면 나지. 하하."

그런 대화를 나누고 약 한 달 뒤, 인사팀은 3년 차 미만 미혼 직원들을 6개월에서 1년 정도 해외 지점에 파견하는 제도를 도입하기로 한다. 인사팀은 3년 차 미혼 직원들을 파견하면 고직급 기혼 직원들에 비해 파견 비용이 획기적으로 줄어들 뿐만 아니라, 해외 경험을 희망하는 젊은 직원들에게 큰 호응을 얻을 수 있으리라 생각했다. 장기적으로 해외 시장의 전문가를 양성하는 순기능 또한 기대했다. 전사적으로 환영받을 기획이라 자신했다.

그러나 이 제도는 바로 큰 어려움에 처하게 되었다. 왜일까?

우선 3년 차 직원들을 차출하는 것에 한국 본사 부서들의 반발이 강력했다. 3년 차 직원은 해외 지점에서만 필요한 게 아니라, 정작 본사 부서들의 지원 인력으로 가장 필요했기 때문이다. 1~2인 주재원이 아무리 급하고 힘든 상황을 호소해도 본사 부서장들의 파워를 극복할 수는 없었다.

게다가 당사자인 3년 차 미혼 직원들 역시 파견을 원하지 않았다. 회사 경력 3년 차에 접어들면서 많은 인원이 결혼을 준비 중이거나 신혼 생활

또는 육아를 막 시작하는 단계였다. 그런 그들에게 6개월에서 1년간 애인이나 가족과 떨어져 사는 일은 생각조차 할 수 없었다.

간혹 여러 조건이 맞아서 해외 파견까지 성사된 경우도 있었다. 그 경우에는 기존에 있던 주재원과 파견된 젊은 직원 간 관계에서 문제가 종종 발생했다. 주재원은 말이 통하는 한국인 후배가 새로 와서 마련된 여건을 100% 활용하고자 그동안 미뤄두었던 업무를 그 직원에게 한꺼번에 맡겼다. 그 직원은 업무 중은 물론 업무 외 시간까지 지점장에게 잡혀 있을 수밖에 없는 상황이 발생했고, 자연히 둘 사이에 인사적 충돌이 자주 일어났다. SNS 사용 역량이 높고 동기 문화가 강한 젊은 직원들은 그런 처지에 놓인 억울함을 공유했고, 그들 사이에 해외 파견 제도에 대한 부정적 인식이 강해졌다. 이런 문제가 반복되자 젊은 직원의 파견을 강력하게 원했던 주재원들마저 이 제도를 부정적으로 여기게 되었다.

기발한 기획 vs 빈틈없는 기획

기획을 처음 접한 담당자들이 의욕적으로 업무를 시작할 때는 생각만으로도 설레게 하는 기막힌 아이디어를 내놓으려 한다. 과거 선배들이 생각하지 못했던 신박한 아이디어로 세상을 놀라게 하고 싶다.

그런데 그 아이디어를 언어로 세상에 내놓는 순간, 예기치 못한 차가운 반응에 당황한다. 가까운 동료나 선배가 이런저런 트집을 잡기도 한다. 무엇보다 당혹스러운 순간은 자기에게 기획 업무를 맡겼던 상사가 언제 그랬냐는 듯 "이게 뭐지?"라고 반응할 때다.

"이미 해봤는데 안 되었어." "사람들이 그렇게 반응할 것 같지 않은데?" "그거 규정 위반 아니야?" "우리 팀이 할 수 있겠어?" 이처럼 내가 내놓은 기발한 아이디어가 실패하는 이유는 수십, 수백 가지다. 이쯤 되면 정말로 내 아이디어가 안 좋은지, 아니면 다른 팀원들이 이 일을 하기 싫은지 도통 영문을 모르기도 한다. 내 머릿속에서는 최고로 기발했던 아이디어가 세상에 나오는 순간 허점투성이가 되어버린 셈이다.

기획을 많이 해본 사람일수록 그런 빈틈을 메꾸는 데 집착한다. 일단 빈틈이 많은 기획은 동료들이 함께해주지 않고, 사업화되기 전에 사라질 것이 뻔하다. 어떻게 실제 사업화가 된다 해도, 여기저기서 터지는 사고 수습에 모든 시간과 에너지를 쏟다가 성과 없이 종료되는 경우가 대부분이다. 이런 경험을 하고 나면, 기획이라는 것이 발상의 설렘보다는 위험 관리의 부담감으로 다가온다.

변수를 예측하지 못하면 성공할 수 없다

기획 업무의 특징 중 하나는 그 기획으로 기존에 없던 변화가 생길 수도 있다는 것이다. 변화가 생긴다는 뜻은 그 변화 덕분에 목적을 달성하는 사람도 있고, 그 변화 탓에 기득권을 빼앗기는 사람도 있을 수 있다는 말이다. 당연히 그 변화가 자기의 목적이나 이득에 긍정적이면 변화를 옹호하며 지원할 테고, 부정적이면 변화를 반대하며 배제할 것이다.

　당신이 생산 라인의 교대 업무를 변경해야 하거나 새로운 제품을 기획해야 할 때, 당신의 아이디어는 합리적이고 우수하더라도 주변 사람들의 반대로 무시되는 경우가 생기기도 한다. 그것은 당신이 제안하는 기획이 회사 전체에는 이익을 주지만 특정 집단에게 더 큰 희생과 손해를 강요하기 때문일 수도 있다. 그래서 어떤 기획이 기존의 질서에 변화를 일으키는 경우에는 그 변화에 반대하는 집단이 생기는 게 당연하며, 그 집단의 반발을 최소화하기 위한 대비가 반드시 동반되어야 한다는 점을 기억해야 한다.

　그런 대비를 하는 방법 중 하나가 보상이다. 반대하는 사람들이 기득권을 상실하는 만큼 다른 것으로 채워주는 것이다. 이때 합리적인 수준으로 일관적인 보상을 유지하는 것이 중요하다. 상대와 상황에 따라 보상의 크기가 달라진다면 상대방은 가장 큰 보상을 얻기 위해 새로운 갈등 상황을 만들 가능성이 크다. 예컨대 앞서 든 사례에서, 3년 차 직원을 해외 지점에 파견한 본사 부서의 경우는 제도화된 보상을 통하여 우선적으로 신입사원을 채용해 부족한 인원을 보충할 수 있었다.

　또 다른 대비 방법은 강제다. 반발하는 집단이 계속 반대를 하는 경우 더 큰 불이익이 발생하는 상황을 만드는 것이다. 3년 차 직원을 파견하지 않아서 1~2인 해외 지점의 영업 실적이 부진한 경우, 해당 사업부장의 임원 고과에 불이익을 주는 제도를 도입하면 국내 사업부가 적극적으로 변한다.

보상과 강제 외 제3의 대비 방법은 없을까? 동참을 들 수 있겠다. 보상이나 강제가 어떤 변화가 발생한 이후 적용되는 사후적 방법이라면, 동참은 변화가 발생하기 전 다양한 집단을 의사결정 과정에 참여시키는 방법이다. 의사결정 과정에 참여한 집단은 그 과정에서 도출된 결론을 수용할 가능성이 훨씬 커진다. 국가 정책을 기획하고 확정하기 전 수많은 공청회와 여론조사를 수행하는 것이 그런 사례에 속한다.

당신이 새로운 사업이나 제도를 기획하는 담당자인가? 당신의 기획이 실시되기도 전에 내부의 팀원이나 다른 부서에 의해서 사장되는 경우가 생각보다 많을 것이다. 다른 팀원, 다른 부서의 입장에서 생각해보고 동참, 보상, 강제의 방법을 통해 그들을 같은 편으로 만들지 않는다면, 당신의 기획은 외부의 고객에게 전달되기도 전에 사라지고 만다.

조 사원의 노트

▶ 두려움과 걱정은 정신적 피로도만 높일 뿐 참신한 착상에 도움이 되지 않는다.

▶ 생각의 도구를 배우고, 연습하고, 쓰려고 노력해야 한다.

▶ 기획은 머리뿐 아니라 다리로 찾아가야 한다.

▶ 기발한 아이디어 하나가 실패하는 이유는 수십 수백 가지다.

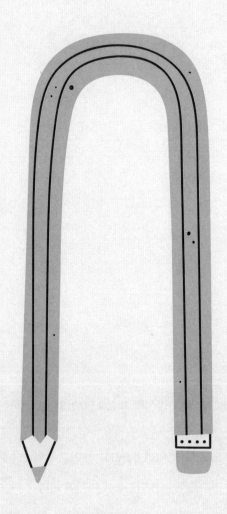

2

Detect,
날카롭게 기회를
포착하라

새로운 비즈니스가 열리는 짜릿한 순간

조 대리, 반도체 장비 수출의 틈새시장을 개척하다

2008년 5월, 해성물산 강남 사무실

"네, 김 차장님. 알겠습니다."

전화를 끊는 조 대리의 표정이 어둡다. 시너[Thinner] 납품 수수료를 3%로 깎는다는 해성반도체 김 차장의 통보를 임 팀장에게 보고할 생각을 하니 아득하다. 기존의 5%로도 이미 팀의 매출은 작년 대비 하향세를 그리고 있었다.

· · ·

"장사하지 말라는 거네."

임 팀장의 한마디가 팀원 모두의 마음을 대변하는 것 같았다. 해성반도 체는 몇 년 전부터 무섭게 따라오고 있는 중국 업체를 따돌리기 위해 생산 웨이퍼 규격을 8인치에서 12인치로 변경한다고 결정한 이후 기존의 모든 소재, 부품의 납품 단가를 새로 검토하고 있었다. 우려대로 그 검토의 결과는 납품 단가의 하락이었다.

"해성반도체도 어쩔 수 없을 겁니다. 말이야 수십 조 번다 해도, 턱밑까지 쫓아오는 중국 회사들을 생각하면 여유가 없을 거예요. 말이 좋아 수십 조 버는 거지, 대부분 재투자할 수밖에 없는 그런 거잖아요."

틀린 말은 아니지만, 남의 일 훈수 두는 것 같은 김 과장의 말에 임 팀장은 기분이 상했다. 해성반도체라는 확실한 거래선을 확보했다는 것이 우리 팀의 가장 큰 강점이었지만, 해성반도체를 빼면 믿을 만한 고객이 없다는 답답한 사실이 이제 눈앞의 칼날로 다가오는 것 같다.

2008년 5월, 해성반도체 기흥 라인

"12인치로 가도 저희 시너랑 디벨로퍼들은 계속 쓰시는 거죠?"

"뭐, 필수재니까 계속 쓰긴 하겠지. 그래도 장비가 바뀌면 모든 제품의 품질 확인을 다시 해야 할 거야. 미리미리 준비해줘."

납품 수수료에 대한 협상은 제대로 말도 꺼내지 못한 조 대리는 해도 그만 안 해도 그만인 대화를 나눌 수밖에 없었다. TEL사의 포토 공정 장비. 지난 몇 년간 해성반도체가 이 장비를 돌리는 데 필요한 화학 재료를 조달하는 비즈니스로 조 대리 팀은 상당한 매출을 기록했다. 확실한 거래선 덕에 쉽게 장사한다는 주변의 질투도 많았다. 그러나 해성반도체의 까다로운 품질 조건을 맞추느라 애간장이 녹았던 시간이나, 반도체 생산에 약간의 차질만 있어도 화학 재료 탓이 아닐까 숨죽이고 긴장했던 시간을 그들은 모를 것이다. 그런데 이제 곧 그런 시간과 함께 이 장비도 사라질 것이다.

"이 친구는 이제 은퇴하네요. 독한 회사 만나서 그동안 고생 죽도록 했 겠네요."

몇 년간 봐온 포토 공정 장비를 가리키며 분위기를 풀기 위해 던진 조 대리의 농담이었다.

"얘도 좀 쉬긴 해야 하는데. 그럴 팔자가 아니야. 이놈은 중국으로 가서 아마 더 고생할걸. 모래먼지 많은 시안으로 갈 거 같던데."

"은퇴하는 거 아니에요? 또 일하러 간다고요?"

"어우, 이 친구들 여기서나 은퇴지. 중국으로 가면 귀한 몸값 받을 거야."

갑자기 심장이 뛰는 조 대리. 새로운 뭔가가 팔딱거리는 것 같다. 지금 눈앞에 서 있는 저 거대한 장비들을 필요로 하는 시장이 있다는 것을 감 지한 순간, 새로운 사업에 관한 촉이 꿈틀대기 시작했다.

2008년 5월, 해성물산 강남 사무실

"TEL사 포토 장비들은 중고라도 어마어마하게 비싸잖아요. 그 런데 그걸 8인치 사업을 주력으로 하는 중국 회사들한테 판매하는 사업이 가능하지 않을까요?"

조 대리는 김 과장에게 어제 떠올린 아이디어를 꺼내본다.

"그 장비가 얼만데. 그걸 우리한테 주겠어. 당연히 해성반도체 자기들 이 직접 팔겠지. 중국 반도체 회사들 다 불러모아서, 깐깐하게 심사해 전 략적 파트너가 되는 회사들에게 넘기는 거지. 우리가 하고 싶다고 우리한

테 기회가 오진 않아."

"그런데 그 장비들이 정말 어마어마하잖아요. 그중 일부라도 우리가 판매할 순 없을까요?"

"해성반도체 알잖아. 돈 되는 거는 절대 그냥 넘길 사람들이 아니야."

그 순간 부풀었던 가슴에서 바람이 빠지는 것 같다. 역시 안 되는 것인가. 그런데 바로 그때 김 과장이 새로운 제안을 한다.

"조 대리, 그런데……. 그 장비를 해성반도체만 갖고 있는 건 아니잖아. 지금 미국 쪽 업체들도 쓰고 있을 거야. 아마 해성이 8인치에서 12인치로 가게 된다면, 미국 회사들도 강제적으로 그렇게 될 수밖에 없겠지. 그걸 우리가 먼저 알아볼까? 일단 팀장님이랑 얘길 해보자."

"아, 미국요? 그렇겠네요. 거기도 반도체 공장들이 있고, 거기도 8인치 장비들이 있을 거고, 그 장비들도 곧 중고 시장에 나오겠네요. 빨리 알아봐요!"

2008년 7월, USSM, 미국 텍사스

김 과장과 조 대리가 일본 TEL사에 재직 중인 엔지니어와 함께 미국 USSM(미국 반도체업체) 사무실을 방문한다. USSM 부사장은 평생을 반도체업계에서 일해온 사람이다. 그는 호락호락하지 않았다.

"우리 생산 설비를 필요로 하는 곳이 있다는 것을 우리 역시 알고 있습니다. 중국 업체에 바로 판매하면 우리가 얻을 수 있는 이익도 상당할 텐데, 당신들에게 넘기면 좋은 점이 뭘지 의문이네요."

김 과장과 조 대리 역시 예상했던 반응이었다. 그러나 물러설 수는 없었다. 해성반도체 설비 담당에게 중고 장비 구매를 문의했다가 문전박대를 당했던 순간부터 이 비즈니스가 쉽다고 생각한 적 없었다. 일본 엔지니어와 동행하여 미국에 올 때 아무것도 준비하지 않은 것은 아니다. 김 과장이 USSM 부사장에게 그동안 치밀하게 준비한 내용을 얘기한다.

"중국 업체들에게 중고 장비를 판매하기만 하면 끝이 아닙니다. 당연히 중국 업체들은 중고 장비의 유지·보수 보증을 요구할 텐데, 텍사스에 있는 USSM이 중국 시안까지 가서 유지·보수 보증을 할 수가 있습니까? 어쩌면 판매 이익보다 유지·보수 비용이 더 클 텐데 말입니다. 시안 사업장의 환경이 여기 텍사스만큼 이상적이지 않다는 것을 부사장님도 쉽게 예상하시지 않습니까?"

USSM 부사장도 만만치 않았다.

"그 문제는 충분히 예상하고 있습니다. 판매 계약 시 상황별로 유지·보수의 책임 소재를 분명히 하는 조항을 면밀히 넣을 예정입니다. 우리 엔지니어들의 파견 비용도 일방적으로 우리가 100% 부담하진 않게 해야죠."

그러나 부사장도 아픈 곳을 찔린 걸 숨길 수 없었다. 김 과장은 더 밀어붙였다.

"유지·보수 문제도 있겠지만, 우선 가장 큰 목표는 중고 장비를 좋은 가격에 인수할 고객을 찾는 거 아닙니까? 종합상사인 우리 해성물산이 중국 현지에 갖고 있는 판매망은 어마어마합니다. USSM이 만날 수 있는 고객 수보다 훨씬 더 많이 확보하고 있습니다. 게다가 같은 그룹 회사인 해성반도체의 우량 협력업체가 중국에 얼마나 많은지 생각해보세요. 중국 사업에서 가장 중요한 것은 거래 상대방의 신용입니다. USSM이 독자적으로 충분한 거래처를 찾을 수 있을까요?"

테이블 맞은편에 앉은 USSM 부사장의 표정이 점점 더 심각해졌다. 그 순간 김 과장은 협상의 주도권이 넘어오는구나 싶었다. 그러고는 마지막으로 회심의 카드를 꺼냈다.

"미국 업체가 중국에 반도체 같은 첨단 장비를 수출하는 일이 쉽지 않을 겁니다. 첨단기술 유출 반대 법안이 발효된다면 USSM 중고 장비의 중국 수출길은 바로 막힐 겁니다. 그렇게 되면 USSM 중고 장비는 말 그대로 골 칫덩어리가 될 테지요. 부사장님께서 그런 리스크를 짊어지실 겁니까?"

USSM 부사장은 당사자인 자기들보다 상황을 제대로 파악하고 있는 상대방을 인정하지 않을 수 없었다. 그러자 속내를 터놓게 된다.

"그러잖아도 미중 간 무역 규제가 가장 큰 걸림돌이긴 합니다. 우리가 한국으로 판매하는 것은 문제없지만, 중국으로 직접 판매하는 것은 만만치 않습니다. 우리 업체로서는 새로운 12인치 공정으로 가기 위한 투자비를 확보해야 하는데, 어마어마한 금액을 마련하려면 8인치 장비를 제값으로 매각하는 것이 필수적입니다."

그 순간 김 과장과 조 대리는 이 비즈니스의 성공 가능성을 엿보았다. 이후 몇 주간 쉽지 않은 협상을 한 끝에 USSM의 중고 장비 판매권을 확보해냈다.

2009년 5월, CHSM, 중국 시안

지난 45일간 시안의 모래바람은 상상도 못 할 정도였다. 그 속에서 TEL사 엔지니어들과 동고동락한 김 과장과 조 대리는 드디어 CHSM(중국 반도체업체) 측 오케이 사인을 받아냈다. 그날 저녁 시안 성곽이 보이는 호텔 바에서 실로 오랜만의 휴식을 즐기는 김 과장과 조 대리.

"이렇게 해서 새로운 비즈니스가 하나 태어났네. USSM도 더 적극적으로 우리에게 중고 장비를 넘길 거야. 주변 회사들도 소식을 듣겠지."

"존재하는 사업이 아닌 새로운 비즈니스를 기획하고 만든다는 것이 너무나도 짜릿하네요."

"근데 조 대리, 내가 무서운 얘기 해줄까?"

"뭔데요?"

"이 중고 장비 사업, 길어야 2년이야. 겨우 2년의 시간을 번 거야. 그 시간 동안 또 부지런히 새로운 것을 찾아야 해."

"끝이 없네요."

"끝이 없으니까 우리가 계속할 일이 있지. 근데 조 대리는 잘하겠어."

"왜 그렇게 보세요?"

"이 비즈니스도 제일 먼저 조 대리 '촉'에서 나왔잖아. 그 '촉'이라는 걸 가졌다는 것은 정말 큰 장점이야. 조 대리가 작년 해성반도체에서 '촉'을 뻗은 순간부터 이 비즈니스는 생겨난 거야."

"근데 처음에는 허황된 '촉'이었잖아요."

"새로운 비즈니스가 완벽한 '촉' 하나로 완성되면 세상 사람이 다 사업하게? 최초의 '촉'은 다음 '촉'이 필요하고, 또 다음 '촉'이 필요하고……
수없는 '촉'이 필요하지."

"그 '촉'이란 게 어떻게 생기는 걸까요?"

"그러게, 그게 참 어렵지. 분명한 건, 조 대리가 반도체 화학 비즈니스
에서 고생하며 배우고 경험했던 것들이 없었으면 그런 '촉'은 없었겠지.
해성반도체 다니면서 박대당하고 서럽고 했던 그런 경험이 쌓이면서 조
대리에게 어떤 지식 저장고가 생겼겠지. 그러다가 어떤 현상을 보는 순간
저장된 지식이 연쇄 반응을 일으켰을 거야."

황사로 한 치 앞도 못 보는 시안에서, 보이지 않는 것을 보는 '촉'에 대
해 이야기하는 시간이 조 대리는 무척 즐거웠다.

촉, 감각이 살아 있어야 한다

'촉'이라는 말이 있다. 흔히 사용하지만 의외로 명쾌하게 정의한 사전적 의미는 없다. 편의상 정의하자면, 지나치기 쉬운 작은 현상으로부터 숨겨진 큰 의미를 파악해내는 직관력 정도일 것이다. 모두에게 공개된 객관적 현상들을 연결하여 숨겨진 변화를 파악하는 능력은 사고를 확장하는 데 필요하다.

그러나 '촉'은 객관적 데이터와 실험을 통해 증명되어야 한다. 잘못된 '촉'은 돌이킬 수 없는 실패를 초래하기도 하기 때문이다. 하지만 분명한 것은 '촉'이 없으면 사고 확장의 시작조차 못 한다는 사실이다. 새로운 것을 기획하려는 사람은 '촉'을 키워야 한다. 반드시 있으되 잘못되면 치명적인 '촉'은 어떻게 키울 것인가?

'촉'은 새로운 것을 자주 접할수록 더 잘 뻗어나가는 성질이 있다. 당신이 회사에서, 가정에서, 카페에서, 온라인에서 접하는 모든 정보 하나하나가 당신의 '촉'을 자극하는 것들이다. '촉'이 자극받을 때 더 적극적으로 나아가 관련 분야를 조사하고 공부하는 행동이 반복된다면 당신은 강한 '촉'을 갖출 수 있다. 그리고 반드시 나의 '촉'에 대한 피드백을 다양하게 받아야 한다. 나의 또래, 나의 동료 같은 좁은 집단이 아니라 나와 다른 세대, 다른 입장인 사람과 폭넓게 다양한 대화를 나누어야 당신의 거칠고 불완전했던 '촉'이 조금씩 다듬어진다.

꼬리에 꼬리를 물고 뻗어가기

A사 직원으로 처음 직장생활을 한 B. 그는 개발자로, A사에서 프로그램 개발 커리어를 쌓고 있었다. 그러던 2010년대 초, A사가 인터넷 오픈마켓(판매자와 소비자를 이어주는 중계 비즈니스)을 시작할 때 그는 신사업팀으로 발령받는다. 사업 초창기, 개발자가 개발만 할 수 없는 상황에서 그는 온라인 셀러들을 관리하는 역할도 담당하게 된다. 그러면서 자연히 온라인 커머스에 눈뜨며, 2015년 개발자 커리어를 그만두고 오픈마켓 셀러로 창업한다. 4~5년 이상 소위 잘나간다는 셀러들과 기발한 아이템들을 수없이 보아온 그는 커머스 분야에도 쉽게 적응했다. 몇 주나 몇 달마다 새롭게 등장하는 온라인 기술에 적응하는 것도 개발자 출신인 그에게는 그리 어려운 일이 아니었다.

그렇게 3년 정도 직접 사업을 운영할 때쯤, 주변에 온라인 셀러를 하겠다는 사람이 급증한다는 것을 파악했다. B는 새로 온라인 사업에 뛰어드는 사람들을 대상으로 유튜브 콘텐츠를 만들기 시작했다. 개발자와 사업가의 경험을 모두 가진 그가 만드는 콘텐츠는 남다른 깊이가 있었고, 많은 사람이 찾았다. 현재 그는 온라인 셀러들을 교육하는 아카데미를 운영하고 있으며, 소상공인 지원 정책을 담당하는 정부 부처의 컨설턴트로도 활약 중이다.

당신 주변에 위와 같은 사례가 얼마든지 있을 것이다. 처음 시작한 커리어를 바탕으로 점점 일의 영역을 확장해가는 사람들의 이야기다. 이런 예를 좋은 기술과 시기를 만난 행운으로만 설명하면 우리가 딱히 배울 것이 없다. 이런 사례에서도 재생 가능한 전략을 찾아내야 한다. 그것이 무엇일까? 바로 '확장의 전략'이다.

B는 본인이 확고하게 다져놓은 영역부터 인접 영역으로 확장해가는 전략을 실천한다. 그의 시작은 인터넷 기업의 프로그램 개발자였다. 그러고는 새롭게 등장한 신사업을 경험하며 인맥을 형성하고 기회를 발견한다. 이어서 자신의 경험과 지식을 필요로 하는 사람들에게 콘텐츠를 제공하는 포지션으로 나아간다. 만약 순서를 바꿔, 개발자이던 B가 바로 콘텐츠 제공 사업에 도전한다면 어땠을까? 그가 전달하고자 하는 콘텐츠는 양과 질에서 많이 부족했을 테고, 수많은 유사 콘텐츠에 묻혔을 것이다.

징검다리를 건널 때 바로 한 칸 앞의 돌로 넘어가는 것은 안전하지만, 두 칸 앞의 돌로 건너뛰려고 하면 사고 날 위험이 있다. 물론 반드시 두 칸을 한 번에 건너야 할 다급한 상황도 있을 것이다. 그렇더라도 섣불리 건너다가 잘못될 위험이 크다는 사실은 염두에 두어야 한다.

사업의 기획도 마찬가지다. 실행의 징검다리를 착실히 한 칸씩 건너는 것은 비교적 안전해도 남들보다 크게 앞설 수는 없다. 용감히 두 칸씩 건너뛰면 멀리 앞설 수 있어도 그만큼 실패할 위험도 크다.

언제 한 칸을 뛸지, 두 칸을 뛸지 정하는 데 정답은 없다. 이는 선택이며, 그 선택에는 결과와 책임이 따른다. 다만 분명한 것이 하나 있다. 한 칸도 제대로 건너지 못하는 사람이 두 칸을 한 번에 건널 수는 없다. 언젠가 두 칸을 건너뛰기 위해서라도 한 칸을 제대로 옮겨가는 경험을 많이 쌓아야 한다.

확장에도 길이 있다

앞선 B의 사례를 곰곰 생각해보면, 사업의 확장에서 고려해야 할 원칙을 헤아리게 된다.

첫 번째 원칙은 인근 영역으로 확장해가기 위한 자신의 경쟁력을 확보해야 한다는 것이다. 새로운 영역에서 승리하기 위한 본인의 무기가 있는가? 그 무기는 기존 영역에서 갈고닦은 지식, 인맥, 통찰력이다. 기존 영역에서 자신만의 경쟁력을 확보하지 못했거나, 기존에 갖춘 경쟁력이 전혀 힘을 발휘할 수 없는 영역에 도전해야 할 경우 당신은 어떠한 경쟁력도 발휘하지 못하게 된다. 스스로 발견한 기회가 너무 매력적이더라도 준비 없이, 경쟁력 없이 도전하는 사람이 성공할 가능성은 매우 낮다.

두 번째 원칙은 세상이 변하는 방향과 함께하는 확장이어야 한다는 것이다. 우리 주변에서 크고 작은 성공을 이룬 사람들은 시대의 경향을 제대로 읽고, 그 방향으로 남들보다 먼저 간 사람들이다. 당신이 아무리 뛰어난 능력을 가졌더라도, 쇠퇴하는 분야로 진출한다면 더 크게 성장하기는 어렵다. 반면에 성장하는 분야더라도, 그 시장이 커지는 속도보다 경쟁자가 등장하는 속도가 더 빠르다면 당신은 성공하기 어렵다.

세 번째 원칙은 확장이 계속해서 진행되어야 한다는 것이다. 한 번 확장에 성공했다고 해서 안주한다면 그 순간, 새로운 경쟁자들이 물밀듯 들어올 테고 당신의 시장은 순식간에 축소된다. 당신이 사업하는 분야에서 경쟁력을 갖출 때까지 기다리는 동시에 새로운 기회를 찾아 움직일 준비를 항상 해야 한다.

큰 그림을 그리는 생각법

앞에서 '확장'을 위한 길, 즉 원칙에 대하여 이야기했다. 그런데 현장에서 원칙보다 더 필요한 것은 확장을 할 수 있는 생각법이다. 새로운 것을 찾고 싶고 찾아야 하는 순간에 나를 눈뜨게 해줄 생각법이 따로 있을까? 한 가지를 추천하자면, 나의 일에 대해 '큰 그림' 그려보기를 들 수 있다. 고객의 니즈를 파악하고, 고객이 원하는 서비스나 제품을 창출하고, 그것을 고객에게 전달하고, 고객이 만족하고, 고객이 대가를 지불하고, 향후 거래를 약속하는 전 과정을 고객을 만나는 순간부터 그려보는 것이다.

확장은 다양한 방향으로 일어난다. 내가 고객을 만나기 전 단계에서 고객이 원하는 니즈가 있을 수 있다. 내가 그것을 제공할 수 있다면, 그 역시 확장이 된다. 고객에게 나의 서비스나 제품을 전달한 이후 고객이 더 많은 것을 원할 수도 있다. 그 단계로 사업을 확장해 나갈 가능성도 있다. 내가 서비스나 제품을 창출하는 과정에서 효율을 높일 수 있는 나만의 방법이 있다면, 그 역시 새로운 사업 영역이 된다.

조 대리의 노트

▶ '촉'은 타고나는 것이 아니라 키우는 것이다.

▶ 나의 현실을 완벽하게 이해하는 것이 '확장'의 시작이다.

▶ 내 일의 전후 단계를 파악하여 '큰 그림'을 그리는 것이 '확장'을 위한 생각법이다.

전환, 낯설게 볼 수 있어야 한다

사람들은 왜 여행을 좋아할까? 아마도 낯선 곳이 주는 자극 때문일 것이다. 익숙한 풍경을 벗어나 낯선 장소에 들어가면 모든 것이 우리 뇌에 바로 입력되지 않는다. 끊임없이 들어오는 낯선 자극을 인지하고, 기존에 알던 것과 비교하고 평가하여 새롭게 가치를 매긴다.

여행지에서 버스 하나를 타더라도, 내가 있던 곳의 버스와 다른 점이 인식되고, 그 점을 기존의 정보와 비교하여 새롭게 가치를 매기게 된다. 이 과정은 익숙한 곳에서는 발생하지 않던 과정이다. 우리 몸이 잊고 있던 활동이다. 여행지에서 살아난 이러한 활동을 통해 뇌는 새로운 자극을 받게 된다. 한편으로는 어떤 기회가 생겨 한 여행지에서 장기로 거주할 때, 몇 주나 몇 달이 지난 후 새롭던 것들이 익숙해지고 우리 뇌가 더 이상 자극을 받지 않게 되면 그곳은 여행지로서의 매력을 잃게 마련이다.

사실 낯선 환경은 생존에 유리한 조건은 아니다. 즐거운 자극이 있을 수도 있지만 예상하지 못했던 위험이 있을 가능성도 배제할 수 없기 때문이다. 그래서 낯선 환경에 처하면 우리 신경은 그 능력을 최대로 끌어올린다. 주변의 환경에 민감해지고 조그마한 변화도 놓치지 않으려는 상태가 된다. 변화에 민감한 상태. 이것이 바로 새로운 기회를 포착하기에 가장 이상적인 조건이다.

당신의 컴포트존을 떠나라

당신이 익숙해하고 안정감을 느끼는 곳을 당신의 컴포트존comfort zone이라고 부른다. 당신의 집에서는 어떤 물건을 찾기 위해 많은 곳을 직접 확인하거나 추리력을 동원할 일이 없다. 당신의 사무실에는 낯선 사람이 등장하거나 처음 보는 물건이 있을 경우가 별로 없다. 그래서 당신의 뇌는 필요한 일에 집중할 수 있다. 지난달, 지난주, 어제 했던 익숙한 일에 당신의 두뇌를 집중하여 빠른 시간 내 효율적으로 업무를 처리한다. 그런 일상이 몇 달, 몇 년 반복되면 당신은 효율을 얻는 대신에 호기심을 잃게 된다.

당신의 컴포트존을 떠나야 한다. 그렇다고 해서 매주 해외여행을 갈 수는 없다. 항공권을 끊고 공항을 빠져나가는 것보다 더 궁극적인 목표는 당신의 호기심을 생생하게 유지하고 주변 자극에 민감하게 반응하는 신경을 유지하는 일이다.

그러기 위해 필요한 것은 신체적·정신적 피로를 관리하는 일이다. 당신이 지쳐 있고 번아웃되어 있다면 세계적 명소에 가더라도 깊은 감흥을 느끼지 못할 것이다. 그러나 당신의 몸과 마음이 건강하고 에너지가 넘친다면 출근길 만원 지하철에서도 수많은 변화를 새롭게 느낄 수 있다.

피로를 관리한다는 것이 늦잠이나 뒹굴거림을 의미하진 않는다. 지나친 늦잠은 피곤한 몸을 위로해줄 수는 있지만, 주말의 반나절 이상을 잠으로 허비했다는 후회가 들면 그것 자체가 스트레스가 되어 내면의 에너지를 감소시킨다. 우리는 뭔가 생산적 활동을 할 때 스스로에게 당당하고 에너지가 상승하는 것을 느낀다. 보람과 자부심이라고 부르는 감정이다. 평상시 고강도 근무로 지친 몸과 정신에 무리가 되지 않는 선에서 영화, 미술, 음악 감상이나 다양한 취미 활동을 통해 자신에게 새로운 경험과 학습을 불어넣을 필요가 있다. 신체적 피로도를 낮추면서 정신적 보람과 자부를 높이는 최적의 조합을 찾는 것이 곧 피로 관리의 개념이다.

새롭다고 다 성공하는 건 아니다

문제는 낯선 곳에서 발견한 새로운 것을 내가 있는 시장에 가져왔을 때 모든 것이 시장의 환영을 받는 게 아니라는 사실이다. 수많은 바이어가 해외 시장에서 아이템을 수입해오고, 많은 기업가가 선진국의 비즈니스 모델을 국내에 접목하려 시도한다. 성공한 경우도 있지만 실패한 경우가 오히려 더 많다. 실패의 이유는 무엇일까? 다시 말하지만, 낯설고 새롭다는 점은 성공을 보장하지 못한다. 그 낯설고 새로운 것이 한 국가나 전 세계의 거대한 시장에 적용될 공통의 가치에 부합해야 한다는 말이다. 이런 원리에 어긋난 것은 당신 개인의 취향에 머무를 수밖에 없다.

예를 들어 해외에서 경험한 특별한 음식이나 제품을 사업화하려는 경우, 다른 사람들도 그 음식과 제품을 좋아하고 찾을지 냉정하게 생각할 필요가 있다. 여행지에서는 신체 감각이 매우 민감한 상태가 된다. 그럴 때 같은 자극이라도 평상시보다 더 강하게 느껴질 수가 있다. 똑같은 풍경도 여행지에서 흥분한 상태에서는 믿기지 않을 만큼 아름답고 완벽하게 느껴진다. 우리가 경험하는 음식이나 제품도 마찬가지다. 여행지에서는 놀랍도록 매력적이었던 상품이, 평정심을 갖추고 다시 보면 어느새 평범한 일상용품으로 변할 수도 있다. 자기 안목을 스스로 냉정하게 평가하는 능력을 기르지 못한다면 잘못된 선택을 할 위험이 크다.

또 제대로 된 제품을 발견하거나 비즈니스 모델을 시도하더라도 그것이 성공을 보장하진 않는다. 새로운 사업이라는 것은 필연적으로 그 사업을 진행하기 위한 프로세스나 제도가 없다는 것을 의미하기 때문이다. 이는 아이디어를 사업화하기 위한 일반적 과정일 수도 있지만, 기존에 없던 제품이나 영역에 도전하는 경우엔 문제가 더 심각해진다. 재료 소싱에서 구매처 발굴까지, 사업 허가에서 세금 납부까지 모든 과정을 새로 개척해야 하는 경우이다. 이런 과정을 인내하고 통과하지 못한다면 아무리 훌륭한 아이디어라도 사업으로 성공할 수는 없다.

사실 익숙한 시장에서 익숙한 제품과 서비스로 사업에 성공할 수 있다면 굳이 새로운 도전을 할 필요가 없다. 문제는 우리 사회가 이미 포화 상태에 이르렀다는 점이다. 그래서 새로운 사업을 해야 하고, 새로운 것을 기획해야 한다. 그리고 새로운 것을 기획할 수 있는 새로운 시각은 '새로운 환경'에서 생긴다.

조 대리의 노트

▶ 익숙한 환경과 시선에 안주하려는 것이 인간의 본능이다.

▶ 낯설고 새로운 것은 불편하고 어렵지만 그곳에 새로운 기회가 있다.

▶ 기획자는 의도적으로 새로운 시각으로 세상을 보아야 한다.

분석, 쪼개서 보아야 한다

일반적으로 한국인은 분석적 사고가 약하다고 한다. 분석적이 기보다 종합적으로 보는 습관이 있다고 한다. 종합적 사고는 대상 하나하나에 초점을 맞추는 것이 아니라 전체의 관계에 집중하는 사고이고, 분석적 사고는 대상 하나하나의 특징을 잡아내는 것이다. 사람이 등장하는 그림을 볼 때, 한국인은 배경과 사람들 전체 구도를 보는 습관이 있는데, 서양인은 한 사람 한 사람에게 초점을 맞춘다고 한다.

종합적 사고의 장점이 있다. 집단의 힘으로 단기간에 공동의 목표를 달성하는 데 적합하다. 그런데 분석적 사고가 부족하다면, 부분의 기초를 놓치거나 디테일에 약해질 수 있다. 우리가 종합적 사고에 익숙하다는 말은, 분석적 사고를 통해 새로운 관점을 가질 수도 있다는 뜻이다.

조 대리가 신입사원 시절 훈련받았던 밸류체인value chain 이라는 프레임 역시 기업에서 자주 사용하는 분석의 툴이다. 하나의 큰 사업을 그것을 구성하는 세밀한 단계로 나누고, 각각의 단계를 자세히 살펴보는 과정이 분석이다.

업무 개선이나 신사업 발상은 이러한 분석 없이는 불가능하다. 하나의 업무는 그것을 이루는 다양한 공정으로 나뉘고, 그 공정들 중에 하나라도 문제가 생긴다면 전체 업무가 성공적으로 진행될 수 없기 때문이다. 기본적으로 분석은 기존의 프로세스를 개선할 때 가장 필수적이지만, 새로운 사업을 기획할 때도 유용하다. 많은 새로운 사업이 기존의 비즈니스 모델에서 발생하는 문제를 해결하기 위해 탄생한다. 이는 기존 비즈니스 모델을 철저히 분석할 때만 가능하다.

나눠서 관찰하면 앞서갈 기회가 보인다

2010년대 초반, 모바일 기기의 확산에 따라 산업계 지형이 완전히 바뀌었다. 그중에 우리 일상생활에 가장 밀접한 것은 e커머스의 성장이다. 2000년대 오픈마켓이 활성화시킨 e커머스는 2010년대 SNS와 결합된 소셜커머스가 등장하면서 새로운 국면을 맞게 된다.

대략적인 e커머스의 업무 폴로는 상품 검색 → 주문 → 결제 → 상품 준비 → 물류센터 → 배송 캠프 → 고객 전달의 과정을 거친다. 그런데 고객 불만이 상당수 발생하는 구간이 바로 '물류센터 → 배송 캠프 → 고객 전달'이다. 이 구간을 라스트 마일 딜리버리 last mile delivery 라고 하는데, 여기서 획기적인 서비스를 도입한 기업이 쿠팡이다. 우체국택배 등 제3자 택배 서비스에 '라스트 마일 딜리버리'를 위임한 기존의 업체와는 달리, 쿠팡은 직고용한 직원들이 직접 고객에게 전달하는 서비스를 도입한 것이다. 그를 통해 고객들은 '신속하고 정확한 배송을 끝까지 책임져주는 서비스'를 경험하게 된다. 이후 쿠팡이 괄목할 성장을 이룬 것은 이미 너무나도 잘 알려진 사실이다. 결국 쿠팡의 로켓배송이라는 새로운 서비스, 혁신적인 사업 역시 기존의 업무 프로세스를 단계별로 나누고 각 단계를 세밀히 관찰한 분석에서 비롯한 것이라 할 수 있다.

쿠팡처럼 업무나 산업의 밸류체인을 분석할 수도 있지만, 시장이나 고객 분석도 새로운 기회로 이어질 수 있다. 최근 우리 주변에서 쉽게 접하는 애견카페, 키즈존 등은 특정 고객을 분석하여 그들의 취향에 맞춘 서비스를 제공하는 사례다. 우리는 'MZ세대'라고 지칭하면서 청년 세대의 공통적 특성을 찾는 경향이 있지만, MZ세대 내부에서도 경제적·사회적으로 수많은 하위 그룹이 존재한다. 플렉스족과 짠테크족이 공존하고, 비슷하지만 다른 욜로족과 파이어족이 공존한다. 그 밖에도 수저, 남녀 운운하는 다양한 그룹이 있다. 이렇게 천차만별한 고객 그룹에 따라 수많은 기회가 왔다가 사라져간다. 그런 의미에서 MZ세대 가운데 더 어린 10대와 20대에 초점을 맞춰 개발한 틱톡이 기존의 강자인 유튜브를 위협할 만큼 급성장한 사례는 시사하는 바가 크다.

조 대리의 노트

▶ 뭉뚱그리는 것이 아니라 나눠서 자세히 살펴보는 것이 분석이다.

▶ 분석을 위한 도구, 생각의 틀은 당신의 분석력을 획기적으로 키워줄 것이다.

▶ 남보다 더 깊이, 자세히 볼 수 있는 힘이 기획자의 경쟁력이다.

학습, 배우면 더 좋은 길이 열린다

어떤 것을 처음 시작하기란 그 시장에 이미 존재하는 강자들과 힘겨운 경쟁을 펼쳐야 한다는 뜻이다. 그때는 앞서가는 강자들에게 배우는 것이 당신의 경쟁력을 가장 빨리 키우는 길이다. 반면에 강자들은 새로 진입하는 예기치 못한 경쟁자들이 없는지 항상 주목한다.

1990년대 국내 기업들은 '선진제품 비교전시회'라는 것을 열었다. 우리 전자기업들이 주로 미국이나 일본 기업들의 최신 제품들을 입수하여 자사 제품들과 세밀히 비교해가며 어떻게 보완할지 모색했다. 그 전시회에는 100년 전 서구 열강을 견학하러 떠났던 신사유람단처럼 진지한 표정의 해당 기업 총수와 계열사 CEO들이 방문하였고, 국내 언론은 그 장면을 보도했다.

우리 기업이 세계적 수준에 다다른 2000년대 중반을 지나면서 그런 모습은 자연히 사라졌다. 대신에 그 시기부터 CES(매년 1월경 미국에서 열리는 세계 최대의 전자 제품 전시회)나 IFA(매년 9월경 독일에서 열리는 유럽 최대의 전자 제품 전시회)와 같은 첨단 제품 전시회가 열린다. 우리 기업은 그곳에서 관찰되는 첨단기술의 흐름, 고객 취향의 변화를 하나라도 놓치지 않기 위해 엄청난 시간과 경비를 투자한다.

이와 같이 '학습'은 앞선 경쟁자를 따라가기 위해서뿐 아니라 최고 반열에 올라 그 자리를 지키기 위해서 절대 필요한 조건이다.

벤치마킹이 실패하는 이유

벤치마킹이라는 말을 자주 사용한다. 업계 최고인 경쟁 상대의 제품이나 전략을 파악하고 그것을 나에게도 적용해보는 것을 벤치마킹이라고 한다. 기본적이고 정말 중요한 일이다. 벤치마킹을 잘하기란 어렵기도 해서 성공하는 것 자체만으로도 이미 대단한 실력이다.

그런데 직장 생활을 많이 해본 사람들은 이미 알고 있다. 벤치마킹을 해서 성공하는 경우가 별로 없다는 사실을. 일단 경쟁사의 제품이나 제도를 우리에게 적용하는 것 자체가 어렵다. 제품이나 제도를 똑같이 적용한다 할지라도 경쟁사가 발휘하는 효과가 나타나지 않는 경우가 많다. 왜일까?

벤치마킹이 실패하는 주된 이유는 WHAT에 치중하기 때문이다. 벤치마킹을 하면서 경쟁사의 제품과 제도를 정확하게 재현하려고 집중한다는 말이다. 이는 WHAT이 눈에 보이기 때문이다. 무엇을 해야 할지는 눈에 보이기도 쉽고, 그것을 했을 때 다른 사람에게 보여주기도 쉽다. 그래서 벤치마킹의 과제를 받은 사람은 눈에 보이는 것에 집중하려는 유혹을 받게 된다.

그런데 정작 핵심적인 것은 HOW이다. 경쟁사가 제품이나 제도를 어떻게 실현하는지 이해하는 것 말이다. 그 제품이나 제도가 실현되기까지 어떤 사람들의 어떤 역량이 필요했는지, 어떤 장애물이 있었는지, 어떤 기술이 필요했는지 알아야 한다.

HOW에 해당하는 것은 쉽게 눈에 띄지 않는다. 제품이나 제도와 달리 역량이나 기술, 나아가 문화에 관한 요인들은 눈으로 볼 수 없기 때문이다. 심지어 자기 회사의 것들도 명확히 보기가 쉽지 않다. 그러나 명심해야 할 것은 경쟁사의 성공한 제품이나 제도를 낳은 요인을 파악하지 못한다면, 절대 성공적인 벤치마킹을 할 수가 없다는 점이다. 벤치마킹의 대상은 경쟁사의 제품이 아니라 그들의 경쟁력과 문화가 되어야 한다.

한 분야부터 추월하라

사실 업계 1위와 2위의 자리가 바뀌는 것은 결코 쉬운 일이 아니다. 2위가 1위를 따르기 위해 발버둥치는 것 이상으로 1위도 1위를 지켜내기 위해 사활을 걸기 때문이다. 서로가 모든 것을 걸고 100%의 힘으로 경쟁하는 상황에서 역전은 쉽지 않다.

상대방의 WHAT에 집중하는 벤치마킹은 실패할 것이고, HOW를 파악하면 성공할 수 있다. 한발 더 나아가 WHY를 꿰뚫을 수 있다면 상대방을 앞설 수 있다. WHY에 대답하는 길은 여러 가지 있을 텐데, 그중에는 앞서간 경쟁사가 택하지 않은 길을 선택하는 방법도 있다. 길이 다르다면 결과가 달라질 수 있다.

그렇게 하더라도 앞선 경쟁사를 추월하는 것은 쉽지가 않다. 특히 모든 영역을 총괄한 종합 점수에서 고득점한 덩치 큰 경쟁사를 이긴다는 것은 더더욱 쉽지 않다. 그래서 현실적인 전략은 단 한 분야라도 경쟁사를 앞서는 위치를 확보하는 것이다.

이런 현상을 최근 버티컬 커머스, 즉 특정 카테고리 상품 판매에 집중하는 전문몰의 존재감에서 발견할 수 있다. 쿠팡이나 네이버 같은 대형 종합몰(한 사이트 안에서 다양한 카테고리의 상품을 판매)이 지배하는 국내 e커머스 시장에 2010년대 말부터 무신사(패션), 오늘의집(인테리어) 등 전문몰이 대안으로 부상했다.

전문몰은 대형 종합몰의 핵심 전략을 벤치마킹하며 성장했다. 편리한 모바일 서칭, 간편한 결제와 빠른 배송의 기술 측면에서 종합몰이 제공하는 서비스를 재현했다. 한 걸음 더 나아가, 왜 고객이 온라인 쇼핑을 하는지에 집중했다. 고객은 수많은 제품을 비교하고 다른 사람들의 소비 경험을 공유하며 저렴하게 구매하기를 원했다. 그런 목표를 모든 카테고리의 제품에서 기존의 쿠팡이나 네이버 같은 거대 기업과 경쟁할 수는 없었다.

그러나 전문몰은 특정 분야에 한해서는 쿠팡이나 네이버 못지않은 제품 가짓수를 구축하며 다양한 셀러와 고객을 확보할 수 있었다. 아니, 확보를 하고 있었다! 무신사도 사실은 2011년 쿠팡 설립 시기보다 훨씬 앞선 2001년부터 패션 관련 커뮤니티로 시작했다. 오늘의집은 2014년 출시부터 종합몰이 아닌 전문몰로서 인테리어 분야에 집중하는 전략을 선택했다.

앞서겠다는 막연한 희망은 망상으로 그칠 수 있다. 하지만 추월을 위해 구체적인 시간과 에너지를 들여 계획하고 실천하면서 희망을 가시화하는 순간부터는 변화의 힘이 작용한다.

조 대리의 노트

▶ 가장 빨리 따라가는 길은 앞선 자를 배우는 것이다.

▶ 배우기만 해서는 추월할 수 없다.

▶ 한 부분에 집중하여 1등을 경험해보는 것이 추월의 전략이다.

반성,
돌이켜보면 놓친 길이 드러난다

실패 극복의 대표적 사례로 본죽 김철호 창업자를 들 수 있다. 죽은 맛이 없고 환자들이나 먹는 음식이라는 고정관념을 깨고 사업 아이템으로 성공시켜 프랜차이즈로 죽 시장을 개척한 이야기다. 그는 1990년대 중반 무역상으로 크게 성장했으나, IMF 경제 위기에 무리한 사업 확장의 여파를 견디지 못하고 하루아침에 빈손이 되고 만다.

김철호 창업자는 경제적으로 모든 것을 잃긴 했지만, 사업을 통해 귀한 교훈을 얻었다. 첫 번째는 기본이 약하면 생존할 수 없다는 것, 두 번째는 차별화 없이 승리할 수 없다는 것이다. 사업 실패 후 빈손으로 시작한 호떡 장사 시절에는 깔끔한 양복을 차려입고 호떡을 파는 모습으로 고객 서비스 방식을 차별화하여 이목을 끌었다. 이후 '죽'의 기존 활용도와 이미지를 탈피해 맛깔나고 고급스러운 메뉴를 다양하게 기획함으로써 차별화된 요리 상품을 개발하는 데 성공했다.

평범한 일상의 실패를 놓치지 말라

실패에서 교훈을 찾으라는 말을 들으면 가장 떠올리기 쉬운 것이 앞서 든 김철호 창업자와 같은 사례다. 사업을 하다가 큰 위기를 맞았는데, 그 위기를 극복하고 더 큰 사업을 성공시켰다는 스토리. 매력적이고 배울 점이 많은 이야기긴 하지만, 우리 모두가 그런 경험을 할 수는 없다. 그러기에는 개인이 감당해야 할 리스크가 너무 크다. 그리고 사업에서 실패를 맞는 순간 극복하지 못하고 나락으로 추락하는 경우가 실제로 더 많다.

그러나 작은 규모의 실패 경험은 평범한 직장인이나 작은 규모로 사업하는 자영업자인 우리의 일상에서도 종종 발견할 수 있다. 상사에게 올린 보고서가 통과 사인을 받지 못하고, 팀회의에서 제안한 아이디어가 채택받지 못하고, 영업장에서 고객을 만족시키지 못하는 모든 경우가 실패를 경험하는 순간이다. 실패를 운이 나빴다고 생각하고 다음번에도 운에 맡기는 사람이 있고, 실패의 원인을 찾아 해결하고자 하는 사람이 있다. 그 둘의 미래는 크게 다를 것이다. 그렇다면 평범한 일상 속에서 경험하는 실패 극복의 성장 스토리를 어떻게 만들어야 할 것인가?

우선 나의 현 상태를 냉정하게 분석해서 실패의 원인을 찾아야 한다. 혹시 당신은 결재받지 못한 보고서나 기획안, 고객에게 거절당한 서비스를 놓고 그 원인을 분석해본 적이 있는가? 당신은 보고서를 쓸 때 현황 조사를 깊이 하지 않는 습관이 있을 수도 있고, 효과 대비 수고가 너무 많이 들어가는 아이디어만 낼 수도 있다. 당신이 판매하는 상품이나 서비스가 사실 고객 취향이 아닐 수도 있다. 당신의 문제가 무엇인지 정의할 수 없다면, 그 문제를 개선할 방법은 없다.

당신이 실패를 반복하는 원인을 파악하는 것 못지않게 중요한 일은, 달성하고자 하는 목표를 설정하는 것이다. 당신은 보고서의 달인이 되어 팀의 가장 중요한 보고서와 기획서를 담당하는 핵심인력이 되는 것을 목표할 수도 있고, 당신이 판매하는 음식으로 별점 평가 95% 이상을 채우는 것을 목표로 삼을 수도 있다.

한편으로 가장 중요한 일은, 당신이 실패하는 원인과 성공하고자 하는 목표 사이의 차이를 채워나갈 구체적인 실천 계획을 세우는 것이다. 새로운 전략, 새로운 시도는 바로 이 실천 계획에서 나오는 경우가 많다. 완벽한 보고를 하기 위해서 글로벌 컨설팅 회사의 보고서 양식을 도입한다든지, 회사에서 보고를 잘 쓰기로 유명한 간부에게 개인 지도를 받을 수도 있다.

실패를 돌이켜보는 것이 왜 도움이 될까?

사람은 본능적으로 한번 실패한 것에 대해 생각하길 꺼린다. 자부심과 자랑스러움을 불러오는 성공의 기억과는 달리 실패의 경험은 후회와 부끄러움을 일으키기 때문이다. 사무실에서 과거에 실패했던 기획안을 다시 한 번 보고하는 일은 그래서 더욱 힘들다. 그 기획안이 실패했던 수많은 원인을 생생하게 기억하는 상사를 다시 상대해야 하는 부담감이 크고, 기획안 자체에 대한 낙담이나 후회 같은 부정적 감정을 갖고 있어서 긍정적·건설적으로 생각하려는 의욕조차 내기 쉽지 않기 때문이다. 그러나 단언컨대, 단 한 번의 시도로 성공한 비즈니스는 별로 없다. 대부분의 사업은 수많은 실패와 난관을 극복하는 과정에서 얻은 경쟁력을 바탕으로 오늘의 성공을 거둔 것이다. 기획안도 마찬가지다.

지난 실패를 돌이켜보는 것은 어떤 면에서 도움이 될까? 먼저, 앞서 언급했듯이 실패를 돌이켜봄으로써 실패를 조장하는 습관이나 원인을 끊을 수 있다. 습관의 힘은 매우 강하다. 다행히 긍정적인 습관이라면 당신의 성공에 도움이 되겠는데, 긍정적인 습관보다 더 중독성이 강한 건 부정적인 습관인 경우가 많다. 부지런한 습관보다는 게으른 습관이 인간의 본성에 더 부합하고 우리 행동을 지배할 가능성이 크다는 말이다.

그런데 습관이 더욱 무서운 점은 내가 습관대로 행동할 때 그런 행동을 하는 나 자신을 의식하기가 쉽지 않다는 것이다. 우리 뇌와 몸에 익숙해져 있는 행동이어서 무의식적으로 나타나기 때문이다. 요컨대 당신의 나쁜 습관은 좋은 습관보다 더 강력하게, 자신도 모르는 사이 당신의 행동을 지배하며, 그 지배는 반복된다.

이렇게 나쁜 습관이 반복되면 당연히 좋은 결과를 기대할 수 없다. 나쁜 습관을 제거하는 첫 단계는 바로 그 습관을 인지하는 것이다. 반성은 나쁜 습관을 인지하는 나의 의식적인 노력이다. 물론 어떤 것을 인지했다고 해서 저절로 개선 행동으로 나아가는 건 아니지만, 인지하지 못한 것을 행동할 수는 없다. 따라서 반성을 통해 나쁜 습관을 인지하는 게 개선 행동의 첫걸음이다.

과거의 실패를 돌이켜본다는 것은 성공하는 기회의 단초가 될 수도 있다. 실패한 결과를 기억하고 칭찬해주는 사람은 없지만, 그 일을 했던 당시에는 가능한 모든 노력과 시간을 들여 최선을 다했을 것이다. 단지 때가 맞지 않거나 예상치 못한 장애가 있었을 뿐이지, 시도했던 모든 것이 의미 없지는 않았을 터다. 이때 실패한 과거의 시도를 다른 시각으로 접근해서 새로운 성공을 이룰 수도 있다.

당신의 노트북 폴더 속에 방치되어 있는 보고서, 기획서. 그리고 실패했던 제품과 서비스 자료를 다시 바라보길 바란다. 당시에 하고 싶었던 것이 무엇이었는지, 그것이 왜 안 되었는지, 혹시 관점을 바꾸면 새롭게 재탄생할 수 있는 것은 아닌지 말이다.

조 대리의 노트

▶ 실패는 돌이켜보기 싫지만, 덮어두면 반복된다.

▶ 실패에서 배우지 못하면 변화가 있을 수 없다.

▶ 왜 실패했는지를 뒤집어보면 어떻게 성공하는지가 보인다.

끈기, 버티다 보면
없던 길이 생긴다

2022년 하반기 유튜브에 '다나카'라는 캐릭터가 폭발적 인기를 끌었다. 한국 생활과 문화에 적응하는 일본인이라는 설정으로 코믹하게 묘사한 캐릭터다. 사람들이 이 캐릭터 콘텐츠에 놀란 이유 중 하나는 한 개그맨이 2018년에 캐릭터를 창작해 이미 4년 전부터 콘텐츠를 만들어 왔다는 것이다. 그동안 인기를 끌지 못하는 상황에서도 자신의 캐릭터를 포기하지 않고 꾸준히 크리에이터 활동을 이어온 개그맨에게 감탄과 찬사를 보내는 사람들이 많았다.

단순히 4년간 버틴 게 아니라, 그 4년간 계속해서 새로운 스토리를 만들고 새로운 극을 시도했다는 것을 생각하면, 그 개그맨이 캐릭터를 창조하여 생명을 불어넣기 위해서 쏟은 고민과 노력이 어느 정도인지 짐작조차 하기 어렵다. 캐릭터 창작의 방면에서 그의 노력과 사고의 깊이는 타의 추종을 불허한다 해도 과언이 아니다.

일반인들도 본인의 창작물을 계속해서 공유할 수 있는 유튜브나 웹툰

플랫폼에는 다나카처럼 한 분야에서 오랜 기간의 노력과 고민이 열매를 맺는 경우가 종종 있다.

한 우물을 팔 때는 제대로 파라

종종 청년들과 진로를 놓고 대화할 기회가 있다. 그 자리에서 전문직과 비전문직을 구분하는 모습을 종종 본다. 의사, 변호사 등 배타적이고 특수한 교육을 받고서 자격증을 건 시험을 치르며 그 작은 사회의 일원이 되어야 하는 분야를 전문직이라 부르면서, 그렇지 않은 직업들은 비전문직이라고 생각하는 경우가 많다. 직업들 사이에 전문가와 비전문가로 선을 긋는 경향이 있다는 말이다.

그러나 채용 시장에서 일하며 발견한 사실은 어느 분야나 전문가와 비전문가의 구분이 있다는 것이다. 바꿔 말해, 어느 분야나 전문가가 될 수 있다는 뜻이다. 한 분야에서 다른 사람들이 따라올 수 없는 독보적 경력과 체계적 지식을 갖고 본인만의 업적을 쌓아가는 사람들을 전문가라고 칭하는 데는 아무런 문제가 없다. 그렇다면 전문가와 비전문가의 구분 기준은 어떤 직업을 선택하느냐일 수도 있지만, 그 분야에서 어떻게 일하고 있느냐일 수도 있다.

'정신적 씨름' 끝 유레카의 순간

한 우물을 판다는 비유는 흔히 들어왔다. 깊이 파기 위해서는 넓게 파야 한다는 얘기도 많이 들었고, 언제까지 파느냐는 질문에는 물이 나올 때까지 파야 한다는 답변도 들었다. 한 직업을 선택했으면 그 분야에서 어느 정도 성취할 때까지 인내심을 갖고 매진하라는 충고로 곧잘 쓰는 표현이다.

그런데 우리가 새로운 사업을 생각하거나 새로운 제안을 기획할 때도 한 우물을 파야 한다는 교훈을 적용할 수 있을까? 사업이나 제안 기획은 빠른 변화 속도를 따라잡아서 최신 트렌드를 파악하는 것이 생명인 영역인데, 여기서 한 우물만 판다는 것은 시대와 안 맞는 이야기 아닌가? 그러나 기획에서도 한 우물을 파는 원리가 적용될 수 있다.

이 대목에서 가장 강조하고 싶은 바는, 우물을 파는 과정에서 파는 목적과 방향을 잃지 말아야 한다는 점이다. 당신이 새로운 사업과 제안을 통해 해결하고자 하는 문제, 창출하고자 하는 서비스의 가치를 며칠, 몇 주, 몇 달 동안 지속적으로 고민하며 씨름하면 분명 한 단계 높은 수준의 해답에 이를 수 있을 것이다.

이런 정신적 씨름이 필요한 이유는 이런 과정을 통해 당신 두뇌의 근육, 사고의 힘이 성장할 수 있기 때문이다. 지금까지 얘기했던 생각의 방법, 즉 확장·낯섦·관찰·융합·분석·반성 등 이 모든 것은 생각을 넓혀가는 방향일 뿐이다. 이 방향으로 얼마나 멀리까지 갈 수 있는가는 당신 두뇌의 근육이 얼마나 강한지에 달려 있다.

inspiration, 즉 영감과 insight, 즉 통찰은 어떻게 생길까? 이는 무조건 당신의 뇌를 이국적이고 낯선 공간에 노출시켰을 때나, 가장 아름다운 미술·음악 작품에 젖어 있을 때 자동으로 생기는 것이 아니다. 오히려 당신의 뇌에 수많은 정보와 고민을 축적시키고 뇌에 근육 경련이 일어나도록 극단의 피로로 몰아붙인 상태에서 새로운 자극이 들어오는 경우, 그 자극이 촉매가 되어 그동안 축적된 에너지가 폭발하면서 생기는 것이 영감이고 통찰인 경우가 많다. 아르키메데스도 몇 주간 모든 에너지를 쏟았던 고민이 없었다면, 아무리 편안한 목욕탕 물에 잠수하더라도 유레카의 순간을 맞이하지 못했을 것이다.

우리 뇌는 유레카의 순간을 맛보게 되면 강해진 뇌 근육을 소유하게 된다. 그러면서 앞으로 다른 문제에 부딪히더라도 더 깊이, 더 넓게 사고할 수 있는 힘을 갖게 된다.

조 대리의 노트

▶ 시작하는 사람은 많지만 성공하는 사람은 적다.

▶ 기획은 촉에서 시작하지만, 열매를 맺게 하는 것은 인내다.

▶ 모두 비슷한 조건이라면, 더 많이 고민한 사람의 기획이 더 우수한 게 사실이다.

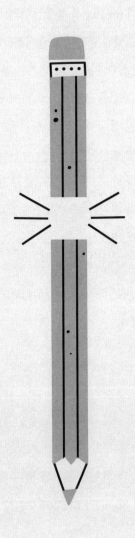

3

Risk,
모든 위험을
상상하라

무엇을 상상하든
그 이상이 펼쳐지는 냉혹한 시장
한순간 물거품이 된 조 사장의 할라피뇨 수입 계획

2020년 1월, 마이애미

미국 플로리다주는 1월에도 춥지 않았다. 한국의 가을처럼 맑은 날씨가 이어져 상쾌했다. 마이애미 한 레스토랑 구석에 앉아 있는 조사장은 몇 시간째 파란색 양념통 하나를 주시하고 있다. 할라피뇨 소스가 들어 있다. 몇 분 전 처음 맛본 감동이 가시지 않는다. 은은하게 퍼지는 매운맛. 한 달째 햄버거, 피자, 스테이크에 시달린 한국인의 입안을 상쾌하게 해주었다. 코끝까지 번지는 매운 향은 정신이 번쩍 들게 하고, 먹으면 입안이 얼얼한 청양고추와는 달리 적당히 맵고 달짝지근한 감칠맛까지 난다.

해성물산을 그만두고 개인 회사를 차린 조 사장. 수년간 종합상사 생활을 통해 이 세상에는 우리가 모르는 매력적인 기회가 많다는 것을 몸소 알고 있다. 지난 몇 년간은 동료들에게 자극받은 것도 사실이다. 신발 하나를 사면 개발도상국에 한 켤레를 기부하는 콘셉트의 제품 브랜드를 국내에 도입하며 독립한 동기, 아시아 각국의 면 요리들을 종이 박스에 담아 파는 패스트푸드 전략으로 사업을 일으킨 후배 등 종합상사 사람들답게 넓은 세상을 무대로 남들이 보지 못한 비즈니스 기회를 발굴하고 기업을 일으킨 동료가 많았다.

플로리다행은 몸담았던 회사를 떠나며 그동안 고생했던 자기에게 휴식을 주고자 간 여행인데, 자연스럽게 사업 기회를 찾는 업무가 되었다. 해성물산 주재원 시절에는 그에게 먼저 사업 기회를 제안하는 현지 사업가가 많았다. 좋은 기회도 많았는데, 회사 방침상 진행하지 못했던 아이템이 적잖다. 그래서 독립하면 쉽게 성사될 줄 알았다. 그러나 막상 개인 사업을 하겠다고 하니, 이전에 자기에게 접근했던 많은 사람이 이런저런 핑계로 몸을 사렸다. 몇몇은 사업 부도로 연락이 안 되기도 했다.

그렇게 지난 지 한 달째. 마이애미 레스토랑에서 만난 할라피뇨 소스가 조 사장을 사로잡았다. 용기 라벨에서 회사 이름과 연락처를 보았다. 스페인어로 가득 찬 라벨의 끄트머리에서 발견한 회사명, 산새Sansae. 주소는 플로리다에서 한참 남쪽으로 가야 하는 파나마였다.

2020년 1월, 파나마

파나마 공항에 도착한 조 사장은 안드레아스와 반갑게 인사했다. 해성물신에서 수많은 무역 거래를 해왔던 조 사장에게 믿을 만한 현지인을 구하는 것은 사업 진행에서 가장 핵심적인 조건. 믿을 만한 현지인이 없으면 사업을 하지 않는다는 게 조 사장의 원칙이라면 원칙이었다.

이번에 파나마 할라피뇨 사업을 시작하게 된 것도 안드레아스라는 직원이 있기 때문이다. 안드레아스는 조 사장이 해성물산에 있을 때 같은 팀에서 인턴을 거쳐 정직원까지 되었던 파나마 청년이다. 케이팝에 빠져 한국을 막연히 동경한 끝에 교환학생으로 서울에 왔고, 해성물산의 외국인 학생 특별채용 프로그램을 통해 만난 사이다. 성격도 밝고 적극적이며, 무엇보다 한국의 회사 생활을 경험해본 인재였다. 파나마대학교 교수가 되는 꿈을 키우기 위해 고국으로 돌아간 다음에도 해성물산의 중남미 사업을 하는 직원들과 자주 연락했다.

플로리다에서 몇 번 진행했던 줌 회의를 통해 안드레아스는 이미 사업 개요를 이해하고 있었다. 안드레아스 덕분에 산새 본사로 가는 길도 수월했다. 본사에서 만난 사장 가브리엘은 축구선수 마라도나와 꼭 닮았지만 마라도나 같은 따뜻한 미소와 환영은 없었다. 지구 반대편에서 찾아온 사업가에게 호기심도 있지만 조심성부터 보이는 눈치였다. 파나마대학교에서 박사과정을 밟고 있는 안드레아스가 없었다면 가브리엘 사장과 대화조차 쉽지 않았을 것이다.

가브리엘 사장은 일단 한국 시장에 관심이 없었다. 플로리다에 수출하는 물량만 해도 상당했고, 무엇보다 미국 시장 진출 시 경험했던 수출 허가 절차가 너무나 번거로웠던 탓에 또다시 겪을 엄두를 못 냈다. 한국인이 할라피뇨를 먹는다는 것조차 쉽게 머리에 들어오지 않는 듯했다.

조 사장은 십수 년을 상사맨으로 성장한 전문가다. 파나마 사람들이 한국을 잘 알지 못한다는 사실을 이미 잘 알고 있었다. 그곳에 인터넷이 잘 안 된다는 점도 잘 알고 있었다. 플로리다에서 한국의 대학로나 주택가에 있는 수많은 피자 체인점, 그리고 멕시칸 레스토랑이나 마트에 진열된 나초와 할라피뇨 사진을 미리 노트북에 다운로드해 두었다가 가브리엘 사장에게 보여주었다. 이때부터 그의 눈빛이 달라졌다. 조 사장은 빨간색 고추장에 선명한 초록색 풋고추를 찍어 먹는 한국 할머니들의 사진도 보여주었다. 우리가 이런 민족이라고, 고추를 고추장에 찍어 먹는 민족이라고 말하자 가브리엘 사장은 폭소를 터뜨렸다.

한국에 가서 수입 허가를 해결하고 유통 채널을 확보할 계획을 밝힌 조사장에게 가브리엘 사장은 골치 아픈 관공서 상대 업무를 해결해주는 조건이라면 한국 내 독점 판매권 계약을 긍정적으로 검토하겠다고 약속했다. 수출입 허가 건이라면 조 사장이 해성물산에서 십수 년을 한 분야이고, 안드레아스 역시 부서에서 여러 번 해본 일이었다. 파나마에서 가능성을 확인한 조 사장은 한국으로 향했다.

2020년 2월, 서울

두 달간 휴식 겸 사업 발굴 여행을 다녀온 조 사장의 캐리어에는 산새 할라피뇨 소스가 80병 들어 있었다. 플로리다의 마트에서 쉽게 찾을 수 있을 거라 생각했는데 2일 동안 돌아다닌 대형 마트에서는 구하지 못했다. 마트에서 만난 멕시코 가족에게 겨우 알아낸 정보를 통해 멕시코인이 자주 가는 중남미 식품 전문관에 가서야 겨우 찾을 수 있었다. 그 상점에 있던 소스를 거의 다 쓸어담아 온 양이 80병이었다. 세관에서 문제 삼을 만한 400달러어치 물품을 가득 채워 귀국한 셈이다.

귀국한 날 저녁, 가장 먼저 할라피뇨를 맛본 사람은 아내였다. 두 달간의 사업 기획으로 찾은 아이템이 할라피뇨냐며 좀 실망한 눈치였지만, 피자를 소스에 찍어 먹어본 순간 "와~!" 하고 감탄사를 내뿜었다. 조 사장은 새삼스럽지 않았다. 그렇게 반응할 줄 확신했기 때문이다.

이튿날 조 사장은 식품의약청 박 주임을 만나고 있었다. 식품류 수입의 조건으로 식약청 허가가 필수이기 때문이다. 미국에서 출발하기 전에 박 주임과 미팅을 예약한 조 사장은 할라피뇨 샘플도 이미 챙겼다. 그런데 바로 검사 신청을 할 수 없는 상황이었다. 식품류 수입을 위해서 제출하는 식품은 식약청이 정한 규정에 따라 산지에서 식약청으로 직접 공급해야 하기 때문이다. 수입할 제품을 보관할 시설까지 설치해야 했다. 조 사장은 별도의 보관 시설을 확보하는 동시에 파나마의 안드레아스에게 식약청 규격을 통보했다. 나중에 알았는데, 식약청 규격 얘기가 나오자마자 가브리엘 사장은 신경질적으로 반응했고, 중간에 안드레아스가 지혜롭게 대처하지 않았다면 거래 자체가 취소될 뻔하기도 했다.

안드레아스가 한국 기업 문화를 경험하지 않았다면, 조 사장과 함께 일해본 경험이 없었다면 결코 성공하지 못할 일이었다. 조 사장은 이번 일에 행운이 따른다고 느꼈다.

2020년 2월, 서울

식약청에 수입 허가 신청을 한 이후 조 사장은 식재료 유통업체 김 대표를 만났다. 김 대표는 콤부차, 마테차 등 중남미에서 수입하는 식재료를 국내 카페나 레스토랑, 소매상에 유통하는 회사 대표였다. 특히 피자 프랜차이즈에 할라피뇨 피클을 이미 유통하는 상태로, 전국적 유통망을 가진 업계 강자였다. 조 사장이 즉석에서 개봉한 할라피뇨를 시식한 김 대표는 순간 눈이 커졌다. 지금까지 먹어본 할라피뇨 피클 중 최고의 맛이었다. 게다가 조 사장이 제시한 가격이 기존보다 부담 없는 조건이었다.

그러나 김 대표도 업계에서 잔뼈가 굵은 사람이다. 납품하고자 하는 수입업자들의 방문을 하루에도 여러 번 받는 그에게 식재료의 품질과 맛 못지않게 중요한 것이 수입업자의 사업 능력이다. 큰 계약을 해놓고 막상 공급 약속을 지키지 못하면, 전국의 마트와 레스토랑에 납품해야 하는 김 대표의 신용이 흠집 나기 때문이다. 이러한 김 대표의 눈에 조 사장은 실력 있어 보인다. 대기업 해성물산 출신에 글로벌 네트워크도 훌륭한 것 같다. 그래도 신중해야 하는 입장. 최초 계약으로 할라피뇨 1,000상자, 총 10,000개를 얘기한다. 2,000상자, 총 20,000개를 욕심냈던 조 사장은 내심 실망하지만, 김 대표와 거래를 트는 데 의의를 두고 흔쾌히 응한다.

조 사장은 김 대표에게만 모든 것을 맡기지 않았다. 중간 유통 업체가 아무리 잘 도와주더라도 결국 중요한 것은 최종 소비자였다. 그날부터 샘플을 갖고 서울 대학가의 피자 레스토랑, 멕시칸 레스토랑을 찾아다녔다. 본사 규정을 따라야 하는 프랜차이즈 레스토랑에 접근하지 못하는 한계가 있었지만, 그래도 규모 있는 개인 레스토랑 10개를 골라 샘플을 5개씩 제공했고 현장에서 직접 소비자들의 반응을 관찰했다. 결과는 기대한 대로였다. 그동안 맛본 적 없는 할라피뇨 소스에 호응을 보이는 사람들이 많았다. 특히 바비큐나 소시지처럼 기름진 음식에 딸렸을 때 매우 좋은 반응을 보였다.

2020년 3월, 파나마

한국 식약청의 수입 허가서, 대형 유통 업체와 맺은 거래 계약서를 들고 온 조 사장을 가브리엘 사장이 반갑게 맞아주었다. 처음 만났을 때의 의심을 거두고, 한국에서 온 "프로 비즈니스맨"이라 불러주었다. 이번에는 자기 아들이 태권도를 배우고 있다는 얘기까지 들려주었다.

거래는 일사천리였다. 그동안 안드레아스가 애써준 덕분에 현지 항구의 물류까지 확보해놓았다. 파나마에서 한국으로 오는 배편은 해성물산 동료가 소개해줘서 쉽게 잡을 수 있었다. 1차 수입 물량 1,000상자에 10만 달러. 조 사장이 기대했던 물량보다는 적지만 첫 시작을 뗐다는 데 의의를 두었다.

2020년 9월, 한국

코로나 사태가 생각보다 심각하다. 한여름인데도 마스크를 써야 했고, 올여름 열리기로 했던 도쿄올림픽마저 내년으로 미뤄졌다고 한다. 수많은 기업이 코로나 사태로 위기를 맞았다. 유통업체 김 대표와 조 사장은 코로나 사태가 본격화한 지난봄부터 배달업체 대상으로 마케팅을 강화했다. 남들보다 빨랐던 두 사람의 대응 덕분으로 조 사장의 할라피뇨를 찾는 배달업체는 나날이 늘어났다. 다음 달에는 대형 피자 프랜차이즈와 계약하기로 했다.

가브리엘 사장과 맨 처음 한 달에 1,000상자로 시작한 거래는 6개월 만에 3,000상자로 늘면서 수입 규모가 커졌다. 김 대표의 유통사에서도 이만큼 급성장한 아이템은 흔치 않았다.

오히려 조 사장이 신경 쓰는 것은 파나마 쪽 상황이었다. 코로나 사태로 생산량 타격이 있는 것은 아닌지 우려스러웠다. 다행히 더운 나라인 파나마는 코로나가 아직 심각한 상황은 아니었다. 그러나 생각지도 못한 리스크로 넘어지는 사업을 수없이 본 조 사장이었다. 앞으로 늘어날 할라피뇨 수요를 맞추기 위해 산새 한 곳만 의존하는 것은 아무래도 위험했다. 안드레아스에게 요청해 알아본 결과, 산새 제품과 비슷하게 생산하는 제조업체를 몇 개 발굴했다. 다음 출장에서는 그 업체들과 거래를 트기로 계획하는 중이다.

한편 조 사장은 한국 시장에만 의존해서는 사업이 커질 수 없다고 판단했다. 오랜 기간 현지인들과 네트워크를 다져온 베트남은 매력적인 시장이었다. 외국 문화와 음식에 관심이 많은 젊은 인구가 엄청나고, 더운 나라이긴 마찬가지여서 향신료 수요가 한국과는 비교할 수 없을 만큼 크다. 베트남 시장을 개척한다면 사업 성장에 커다란 기회가 될 것이다.

한국 사무실과 창고의 규모를 키워야 하고, 파나마에서도 이젠 박사학위 준비에 전념해야 하는 안드레아스를 대신할 주재원을 확보해야 한다. 베트남에도 사무실을 열어야 할 상황이다. 조 사장은 바쁘지만 행복한 고민이라 생각한다.

2020년 11월, 한국

최고 시속 240km로 불어온 허리케인 에타는 파나마를 비롯한 중남미 국가와 미국 플로리다주에 막대한 피해를 남겼다. 파나마에서만 사망자 19명, 실종자 12명이 발생했다.

조 사장은 안드레아스의 연락을 못 받은 지 2일째이다. 별일 없는지 걱정이다. 12월 연말 시즌을 앞두고 주문한 할라피뇨 5,000상자의 선적은 어떨지도 너무 걱정스럽다. 눈치 빠른 유통업체 김 대표는 벌써 선적에는 이상 없을지 연락을 해댄다.

허리케인이 물러가고 3일째 되던 날, 안드레아스의 메일이 도착했다. 피해가 심한 주택은 거의 복구를 포기한 상태고, 그나마 대학 시설은 우선적으로 복구되어 대학에 와서 겨우 메일을 보낸다고 한다. 내용을 읽은 조 사장은 말조차 나오지 않는 상황이다. 가브리엘 사장의 공장은 이번 허리케인의 여파가 심각해서 생산은커녕 회사 자체를 접어야 하는 상황이다. 공장 직원 중에 실종된 사람도 있다고 한다. 한국 선적을 위해 준비 중이던 5,000상자는 대부분 파손되었다. 생산이 언제 재개될지는 알 수가 없는 상황이다. 무엇보다 파나마 항구의 피해가 막대해서 최소 3개월은 수출용 선박 출입이 쉽지 않으리란 얘기도 있었다.

이메일창을 닫은 조 사장은 한동안 눈을 감고 있었다. 그냥 괴로워만 하면 좋겠지만, 그는 수습을 해야 하는 사장이다. 급선무는 연말 시즌을 맞아 할라피뇨를 대량 주문한 대형 피자 프랜차이즈와 많은 거래처에 이 사태를 알리는 일. 그것으로만 끝나는 게 아니라 계약금을 물어주거나 다른 대체품을 찾아줘야 할 수도 있다. 대체품 찾기가 가능하다면 말이다.

파나마에 새로 얻은 사무실도 피해가 이만저만이 아닐 것이다. 베트남에 신규 고용한 인력은 당분간 업무가 없을 테고. 무엇보다 사업 확장을 위해 얻은 대출을 감당해야 하는 것도 조 사장의 몫이다.

많은 리스크를 예측하고 준비한다고 했지만, 허리케인이 이렇게 다 쓸고 갈지는 예상할 수 없었던 조 사장. 누구에게 호소하고 소리치고 싶지만, 오로지 혼자 버텨야 할 긴 시간이 다가오고 있다.

할 수 있는 일인가?

내 역량으로 가능한지 살펴보자

공기업의 채용을 대행해주는 한 업체의 C 대표는 자체적으로 채용 시스템을 개발하고 싶다. 그동안은 채용 시스템을 개발하여 대여해주는 업체와 연간 계약을 맺고 사용했다. C 대표가 보기에 이미 개발된 시스템을 사용하는 대가로 수천만 원이나 지불하는 것은 과도한 듯했다. 채용이 한 달에 2~3건 정도 발생하는데 3회만 돼도 억 단위 비용이 발생하는 셈이었다. 더 큰 문제는 시스템 자체였다. 채용 시스템 업체들이 제공하는 프로그램은 대부분 표준형이어서, 고객사들이 제각각 요구하는 세세한 사항까지 반영하는 데 한계가 있었다. 그럴 때마다 고객사들은 강하게 불만을 제기하고, 때로는 보상을 요구해 절차를 밟기도 했다.

C 대표는 지인인 프로그램 개발사 D 대표와 만나서 이런 상황을 논의했다. C 대표의 설명에 D 대표는 채용 진행 프로그램이 자기가 개발해온 은행 시스템이나 보안 시스템에 비해 어려울 것이 없어 보인다고 했다. 2억 정도 들이면 약 6개월 만에 시스템을 개발할 수 있겠다고도 했다. C

대표는 너무 반가웠다. 자체적으로 채용 프로그램을 갖게 되면 고객들이 원하는 디테일을 다 반영해줄 수 있을 테고, 과도한 비용을 아낄 수 있을 뿐 아니라 비슷한 처지의 중소 채용 대행사들에게 시스템을 대여해주고 사용료를 받는 신사업을 진행할 수도 있을 것 같다.

이 프로젝트는 어떻게 되었을까? 2년 후에도 C 대표는 채용 시스템 개발사에 비싼 사용료를 지불하며 그들의 시스템을 사용하고 있었다. 어떤 일이 있었던 걸까?

C 대표와 계약을 맺은 후 D 대표가 파견한 프로젝트 매니저부터 문제가 있었다. 프로젝트 매니저 E는 그동안 은행 결제 프로그램을 전문으로 개발한 인력이었는데, 채용 프로그램 관련 경험이 없었다. 프로그램 개발에 대한 전문 지식은 많겠지만, 그가 구현해야 하는 채용의 프로세스에 대한 이해가 부족했다. 어쩔 수 없이 C 대표는 채용 프로젝트를 진행하는 F 수석을 프로젝트 파트너로 지정하고, 프로그램 개발자들에게 채용 프로세스를 이해시키는 일을 맡겼다.

그런데 그다음부터 본격적인 문제가 나왔다. F 수석의 설명을 들은 다음 프로젝트 개발팀은 빅데이터 기술자가 필요하다, UX 디자이너가 필요하다, 개인정보 보안 프로그램 개발자가 필요하다 등 필요한 기능이 발견될 때마다 그에 필요한 전문가를 계속 요구했다. 전문가가 늘면서 비용은 비용대로 증가했다. 빅데이터 서버 운영 프로그램을 개발해주기로 하고 계약했던 프리랜서가 중간에 바뀌면서 일정과 비용에 더 큰 차질이 생기기도 했다.

우여곡절 끝에 예상했던 6개월을 훨씬 넘겨 약 1년 만에 새로운 채용 프로그램이 개발되었다. 그런데 이번에는 신규 시스템을 운영할 수 있는 인력이 채용 대행사에 없다는 것이 문제였다. 문제가 조금이라도 발생할 때마다 개발자들에게 연락해야 했고, 잦은 연락 탓인지 그들의 협조가 점점 줄어들었다.

그사이 C 대표의 채용 대행사가 이전까지 계약하고 사용료를 냈던 채용 프로그램 운영사에서 더 효율적이고 안정적인 프로그램을 출시했다. 고객사의 채용 담당자들은 이미 그 프로그램의 안정성을 알고, 채용 대행을 계약할 때 그 프로그램의 사용을 조건으로 달기도 했다.

C 대표가 진행했던 채용 프로그램 독립 프로젝트는 2년의 시간, 많은 인력과 비용에도 불구하고 좋은 결과를 얻지 못한 채 묻혀버렸다.

보기에는 쉬워도 하기는 쉽지 않은 일이 많다

"세상에서 가장 어려운 일이 무엇일까요?"

이런 질문을 받은 적이 있다. 답이 떠오르지 않아서 당황하고 있는데, 질문을 던진 사람이 답을 알려준다.

"바로 당신이 지금 하고 있는 일입니다."

다른 사람의 눈에는 보이지 않는 수많은 장애물, 필요한 기술과 정성, 스트레스. 이 모든 것을 나는 알고 있다. 그리고 이 말을 뒤집어보면 "일이라는 것이 볼 때와는 달리 직접 해보면 훨씬 어렵다."라고 해석할 수 있을 것이다. 그리고 이 지점에서 우리의 기획과 프로젝트들이 실패하게 된다.

기획이 실패하는 여러 가지 이유 중 가장 뼈아픈 이유는 우리의 역량 부족이다. 우리의 역량과 연관된 리스크는 어떤 것들이 있을까?

① 인적 리스크

오랜 기간 준비하고 투자금이 큰 프로젝트가 있다. 그런데 담당자가 갑자기 회사를 그만둔다면 이보다 더 난감할 순 없다. 애초부터 중요한 프로젝트를 진행할 인재가 회사 내부에 없거나 아예 시장에서 채용하기조차 쉽지 않은 경우도 자주 발생한다. 담당자들의 정신적·신체적 건강 문제 또한 중대한 인적 리스크다.

② 기술 리스크

우리가 기획하고 있던 상품과 서비스를 압도하는 신기술이 나오는 것은 언제든지 가능하다. 스마트폰이 출시되면서 기존의 휴대폰 시장이 어떻게 되었는지 보면 된다. 챗GPT가 나오면서 천하의 구글도 위협을 받고 있다.

③ 자금 리스크

실제로 사업을 운영하는 경영자나 기업의 자금 관리 담당자들은 운영자금을 관리하는 것이 얼마나 어려운 일인지 피부로 느끼고 있다. 분명 생산, 영업, 개발 등의 업무는 정상적으로 운영되고 있음에도 불구하고 예상치 못한 이유로 자금 사정이 악화하는 경우는 너무나 흔하다. 이는 개인 차원에서도 마찬가지다. 부동산이나 주식 투자 등을 하려고 부채를 활용할 때 금리가 갑자기 높아져서 고통스러워하는 사람들이 많다.

④ 개발 리스크

경쟁에서 앞설 수 있는 기술을 개발하는 것뿐 아니라 그 기술을 통해 제품을 양산하는 수준까지 가는 것은 결코 쉬운 일이 아니다. 개발 목표에 맞춰 모든 인력·자금·생산·영업 계획을 세우는 기업이라면, 개발이 계획대로 되지 않을 때 큰 위험을 피할 수 없다.

⑤ 품질 리스크

생산 설비의 이상, 담당자의 실수 등으로 제품과 서비스의 불량이 발생할 위험은 언제든지 있다. 많은 기업이 불량률을 줄이고자 업무 프로세스를 개선하며 필사의 노력을 다하고 있지만, 불량 문제에서 자유로울 수 있는 기업은 존재하지 않는다.

⑥ 협업 리스크

우리가 진행하는 많은 업무가 여러 개인, 여러 팀, 여러 회사가 함께 협업을 해야 하는 경우가 많다. 고객 유인을 위해 마케팅팀이 선택한 제품 디자인을 불량률과 제조 원가 때문에 생산팀이 거부하는 경우는 너무 흔하다. 협력해야 하는 파트너들 간에 이해관계가 얽힐 때, 일방적 입장을 반영한 기획은 성공하기 어렵다.

그런데 문제는 이러한 리스크가 있다고 해서 우리가 기획과 프로젝트를 손쉽게 포기할 수 없다는 점이다. 리스크를 극복하고 기획을 성공시켜야만 하는 것이 우리의 숙명이다. 여기에서 우리의 고민이 시작된다.

도전적 목표와 무모한 목표는 어떻게 다른가?

지금 세계 시장을 지배하는 글로벌 기업과 동네에서 장사가 잘되기로 유명한 개인 가게를 막론하고, 그들의 성장에는 공통점이 있다. 일반적으로 생각하기에 달성하기 쉽지 않은 목표를 두고 도전해서 성취했다는 것이다. 이런 성공담을 자주 대하다 보니, 우리는 성취하기 어려워 보이는 무리한 목표를 설정해놓고 성취하는 데 모든 것을 쏟아붓는 방식을 하나의 정석으로 생각하기도 한다.

우리가 목표라고 이야기하는 결과는 힘들고 인위적인 노력을 통해 달성하는 수준을 의미한다. 특별한 노력 없이 자연스럽게 발생하는 결과를 우리는 예상이라고 부른다. 우리의 목표는 우리가 지금까지 해오던 정상적인 노력을 초월한 추가적인 헌신을 바탕으로 달성할 수 있는 의지가 반영된 수치를 의미한다.

따라서 목표가 지향하는 수준은 지금의 것에서 획기적으로 상향되거나, 기존에는 전혀 없던 새로운 것인 경우가 많다. 이런 목표를 실현하면 흔히 도전적인 목표였다고, 과감히 실천해서 성장을 이루었다고 호평한다. 그런데 유사한 경우라도 너무 높은 수준으로 목표를 설정했다가 달성에 실패하고 자원과 인력을 낭비하기도 한다. 이럴 때는 흔히 무모한 목표였다고, 무리수를 두어 실패했다고 비판한다.

두 경우의 차이는 무엇일까? 하나는 성공했고 하나는 실패했다는 구분은 결과만 놓고 봐서 별 의미가 없다. 그렇다면 어떻게 구분할 것인가?

과감한 목표와 무모한 목표의 차이점은 그 목표에 도전하는 자기 자신의 현재 위치를 객관적으로 판단하고 있는지의 여부다.

현재의 역량이 높은 목표를 달성하기에는 모자란 수준일 때, 현재 수준을 정확히 파악한 다음 달성하는 데 필요한 수준 간의 갭을 파악해낼 수 있다면 갭을 메울 전략도 세울 수 있다. 그 갭이 분명하고 조직 구성원이 모두 동의한다면, 갭을 메우는 일이 당장은 힘들고 벅차더라도 회사와 구성원 모두를 성장시킬 수도 있다.

반면에 목표가 높은 상황에서 현재 보유한 수준과 역량에 대한 정확하고 객관적인 판단이 없다면 어떨까? 그렇다면 부족한 역량을 보완하기 위해 어디에 초점을 맞춰 집중해야 하는지 갈피를 못 잡는다. 이미 자원도, 인력도 모자란 상태인데, 잘못 판단한 방향으로 자원과 인력을 소모하면 돌이킬 수 없는 실패를 초래하게 된다.

조 사장의 노트

▶ 새로운 일을 통해 역량이 성장하기도 하지만, 감당하지 못하기도 한다.

▶ 새로운 기획에 앞서, 우리의 역량을 객관적으로 판단하는 것이 필수이다.

▶ 기획자는 필요한 역량을 어떻게 확보할지 철저하게 준비해야 한다.

해도 되는 일인가?

법, 환경, 윤리의 기준에 맞는지 확인하자

축구선수가 아무리 급해도 눈앞에 있는 공을 손으로 잡아 상대 편 골대로 던지면 안 된다. 스포츠를 비롯해 세상의 모든 게임에는 규칙이 있다. 게임의 규칙을 준수하지 않으면 경쟁력과 역량을 펼쳐 보일 기회조차 빼앗기게 될 것이다.

비즈니스에서도 정부의 규제, 사회의 윤리 같은 것은 반드시 지켜야 할 게임의 규칙이다. 특히 SNS 시대를 살아가는 우리는 게임의 규칙을 무시한 기업과 개인이 어떤 결과를 맞이하는지 자주 보게 된다. 직원과 거래처에 대한 인권 침해 수준의 갑질이 문제가 되었던 한 유제품 회사는 넷 년이 지난 현재에도 잃어버린 시장점유율을 회복하지 못하고 있다.

기획자는 할 수 있는 일이라고 해서 무엇이든지 다 할 수는 없다는 사실을 기억해야 한다. 법적으로든 환경적·윤리적으로든 하지 말아야 하는 이유는 다양하다. 이런 리스크가 있는 경우 해당 프로젝트를 애초에 의도한 기획대로 진행해서는 안 된다. 최소한 형태를 변경하거나 문제가 되는 부분을 조정해서 게임의 규칙에 부합한 다음에 진행해야 한다.

① 규제 리스크

법적인 리스크 때문에 사업을 진행할 수 없는 경우가 많다. 예컨대 해외에서 발굴한 신상품인데 식품이거나 전략 상품이기 때문에, 해당 국가의 수출 금지 제품이거나 우리나라의 수입 금지 제품이기 때문에 사업을 진행하지 못한다. 어떤 제품들이 미성년자 등 특정 대상에게 판매가 금지되는 경우도 있다. 요즘은 사업장, 현장의 안전과 관련하여 규제가 상당히 강화되는 추세인 점도 기획자가 염두에 두어야 한다.

② 범죄 리스크

개인뿐 아니라 기업도 범죄의 대상이 된다. 특히 해외의 상대방과 거래하는 경우 고의적인 사기, 태만 등의 타깃이 되면 회사에 큰 손해가 발생한다. 알 수 없는 상대방이 터무니없는 조건의 혜택을 미끼로 부당한 거래를 제안해오는 경우도 있다. 온라인 상거래가 성장함에 따라 고객이 e커머스 기업을 대상으로 대규모 구매한 제품을 불법적으로 재판매하는 범죄를 저지르는 경우도 많다. 경제적 이권이 연관되는 거의 모든 영역에서 범죄의 위험이 있음을 기억해야 한다.

③ ESG 리스크

최근 들어 기업 경영에 비재무적 요소인 환경 Environmental, 사회 Social, 지배구조^{Governance}에 대한 책임을 요구하는 움직임이 점점 커지고 있다. 이런 측면에서 앞으로 시장과 임직원의 기대 수준을 맞추지 못하는 프로젝트는 실패할 가능성이 커질 것이다. 특히 사회적 소통이 SNS로 이루어지는 환경에서 기업은 ESG 문제로 인한 평판이 존립을 좌우하는 무형의 자산이 될 수도 있음을 기억해야 한다.

④ 재해 리스크

태풍이나 지진 같은 자연재해, 메르스나 코로나 같은 감염병 대유행, 물류센터나 데이터센터의 화재 같은 인프라 사고 등 정상적일 때는 별로 신경 쓰지 않던 자연환경과 사회환경에 사고가 생기는 경우도 많다. 이러한 재해 리스크는 예측하기도 어렵고, 사전 경험이 없어서 대응하기도 쉽지 않다. 신속하고 적절하게 대응해야 하는 상황에서 타이밍과 접근법이 잘못되면 돌이킬 수 없는 결과를 초래한다는 것을 유념해야 한다.

게임을 하기 전에 규칙을 알아야 한다

현장에서 '법' '규제' '윤리' '도덕', 이런 것들에 신경 쓰는 일은 생각보다 적다. 기본적으로 프로세스로 굳어진 우리의 일하는 과정에는 그런 규칙들이 이미 반영되어 있는 편이기 때문이다. 그래서 선배나 상사에게 지시받은 프로세스대로 업무를 진행하기만 하면 법적·윤리적 문제에 부딪힐 일이 별로 없다.

그러나 그런 관성 때문에, 규칙이 변경되거나 새로운 업무를 기획할 때조차 규칙과 윤리에 무감각해질 위험이 있다. 보통 의도적으로 불법적·비윤리적 행위를 하는 경우보다, 진행하고 기획하는 업무와 관련된 법과 윤리에 무지해서 문제가 발생하는 경우가 더 많다.

법률 용어를 공부하려 해도 용어 자체가 어려워서 접근할 엄두조차 못 내곤 한다. 그렇더라도 어떤 프로젝트를 기획하면서 관련 법 규정에 대한 리서치 자체를 생략해서는 안 된다. 혹시 당신이 작성한 기획서, 당신 조직에 축적된 기획서 안에 관련 법규에 대한 리서치 내용이 포함되어 있지 않다면 반성하고 수정해야 한다.

많은 사람이 주어진 프로세스에 매몰되어 그 업무와 관련된 법적·윤리적 환경에 무지하다는 것은, 곧 그런 중요한 정보를 습득하면 당신의 경쟁력으로 직결될 수 있다는 말이기도 하다. 규제나 ESG 리스크로 인한 기업 평판이 중요해질수록 기업의 구성원, 특히 새로운 것을 만들어내는 기획자에게는 관련 지식과 정보를 습득하는 것이 핵심 역량으로 부각된다.

조 사장의 노트

▶ 사업만 보고 환경을 보지 못하면 초보 기획자, 경험 없는 사업가이다.

▶ 진입하고자 하는 시장의 규칙과 법률을 철저히 공부해야 한다.

▶ 법률과 규제는 몰랐다는 사실이 변명이 될 수 없다. 법률에 대한 무지는 당신의 책임이다.

꼭 해야 할 일인가?

가장 중요한 일인지 따져보자

수도권 중소 도시의 유서 깊은 교회. 일제강점기부터 있었던 이 교회는 역사만큼 그 지역에 많은 영향력을 끼치는 중심 역할을 감당하고 있었다. 그런데 대한민국의 모든 지역, 모든 단체가 그렇듯이 이곳도 청년과 어린이 인구가 점점 줄어드는 것이 걱정이다. 청년들은 전철 타고 1시간 이내면 갈 수 있는 서울의 대형 교회에 출석하고, 어린이들 역시 자녀 교육을 위해 다른 곳으로 이주하는 부모를 따라 떠나간다.

교회 사람들은 어린이들을 위한 시설을 갖춰서 더 많은 어린이가 교회에 나오도록 하고 싶었다. 의견을 모으니, 학원과 스마트폰 게임에 사로잡힌 아이들이 마음껏 놀 수 있는 장소를 마련해주면 좋겠다는 결론에 이르렀다. 그래서 최근 어린이들 사이에 인기를 끄는 키즈카페처럼 트램펄린과 실내 클라이밍 시설을 설치하기로 했다.

어린이들을 위한다는 명분에 많은 사람이 뜻을 함께했다. 교회 시설 개축이나 버스 구입 등을 몇 년 미루고 상당한 예산을 확보해서 교회 지하실에 키즈카페 시설을 마련하게 되었다. 종교 시설인 교회 건물에 트램펄린과 실내 클라이밍 시설을 설치하는 것이 법적으로 허용되는가 하는 문제도 제기되었으나, 교회 출석하는 어린이들을 교육할 목적으로 조성하는 시설임을 부각해 담당 시청의 허가도 쉽게 받을 수 있었다. 무엇보다 어린이들을 위한다는 취지로 신설하는 공간이라는 점에서 교회에 출석하지 않는 지역 주민들까지 나서서 지지해주었다.

처음에 교회학교 어린이들의 반응은 나쁘지 않았다. 특히 유치부와 초등부 어린이들은 트램펄린과 클라이밍이 재밌어서 일요일 예배가 끝난 후에도 상당 시간 교회에 머물렀다.

그러나 이런 호응은 생각보다 크지 않았고 오래가지도 않았다. 어린이들이 친구까지 데려와 아이들의 웃음소리로 가득 찰 줄 알았던 키즈카페가 점점 사람들의 관심을 잃게 되었다. 초반에 관심을 보였던 아이들마저 도시 주변에 속속 생기는 전문적인 대형 키즈카페를 찾게 되었다.

물론 교회와 지역 어린이들을 위해 통 크게 결정한 투자지만, 점점 썰렁해지는 교회 시설을 보면서 혹시 다른 대안은 없었을까 하는 아쉬움이 커졌다.

할 수 있는 일이지만 하지 말아야 할 때도 있다

우리에게 있는 자원과 인력은 유한하다. 그래서 가장 효율적으로 사용해야 한다. '효율성', 이것은 오늘날 기업 활동의 가장 기본적인 법칙이다. 기업은, 기업에 속한 사람들은 '효율성'이 떨어지는 상황에 처하면 상당히 불편해한다. 아무 일도, 어떠한 생산 활동도 하지 않은 채 책상에 앉아 있기만 시키는 대기발령이라는 것이 얼마나 끔찍한지는 당해본 사람이라면 치를 떨 정도다. 이것만 보아도 우리가 얼마나 '효율성'에 집착하는 존재인지 짐작할 수 있다.

당신의 기획은 '할 수 있는 것', '해도 되는 것'으로 충분하지 않다. '꼭 해야 하는 일'이어야 한다. 이는 여러 선택지 중에서 가장 효율적인 것을 의미한다.

단순히 '할 수 있는 것', '해도 되는 것'이기 때문에 효율성을 생각하지 않고 진행하는 기획들이 축적된다면 그 기업, 조직, 국가를 서서히 무기력하게 만들 것이다. 역량이 부족하거나 법률적, 환경적 제약 때문에 기획이 실패하는 경우에는 원인과 결과가 바로 드러난다. 그러나 비효율에 빠진 프로젝트들은 당장 눈에 띄는 실패를 만들어내지 않아서 장기간 방치될 경우가 많은데, 오랜 시간이 지나 비효율을 깨닫는 순간은 이미 돌이킬 수 없는 지경이기 쉽다. 시장경제의 효율성과 공산경제의 비효율성의 차이가 만들어낸 거대한 역사적 전환점은 많은 사람의 뇌리에 박혀 있다. 우리 주변에서 매일매일 사라지는 수많은 기업체와 자영업체는 대부분 이러한 비효율의 덫에 걸려 서서히 죽어간 경우가 많다. 그래서 비효율의 리스크가 무섭다.

① 고객 리스크

우리가 기획하는 상품과 서비스를 고객이 정말로 원하고 좋아하는지 확신할 수 없다. 고객의 기호 또한 바뀐다. 과거에 좋아했던 것을 지금도, 앞으로도 좋아하진 않는다. 수없이 생겼다 사라지는 유행 아이템이야말로 고객 리스크의 전형이다.

② 경쟁 리스크

우리 스스로 아무리 완벽한 노력을 기울인다 하더라도, 더 강력한 기술과 역량을 지닌 경쟁자가 있다면 우리 기획은 성공할 수 없다. 너무나도 당연하다. 시장경제에서 영원히 벗어날 수 없는 리스크다.

③ 투자 리스크

투자란 어떤 자산의 미래 가치를 예측한 것에 기반한 활동을 말한다. 그 정의상 미래의 가치라는 불확실성에 노출될 수밖에 없다. 특정 자산의 미래 가치에 모든 것을 걸었을 때, 그 결과가 반대로 나타나는 경우 돌이킬 수 없는 손해가 발생할 수도 있다.

④ 성공 리스크

"성공의 덫", 많은 사람들이 자주 언급한다. 과거의 성공 법칙에 익숙해져서 변화된 상황에도 스스로 변하지 못하는 상황이다. 세계 최대의 핸드폰 제조사였던 노키아가 스마트폰 시장 등장에 적응하지 못했던 사례도 이미 지겹게 들었을 것이다. 이는 개인에게도 동일하게 적용된다. 엑셀의 달인, PPT의 달인으로 인정받던 분들은 곧 최근 등장한 인공지능 프로그램의 도전을 거세게 받을 것이다.

기업의 비효율은 '죄'다

사실 비효율의 리스크를 선택하기 쉬운 사람은 조직의 리더다. 그 조직이 어디에 자원과 인력을 투자할지 최종적으로 결정하는 권한과 책임이 리더에게 있기 때문이다. 거대한 글로벌 기업이 천문학적 비용으로 단행한 M&A에서 기대했던 효과가 나타나지 않을 때 기업의 운명이 좌우되기도 한다. 가까운 예로, 어떤 지원자를 최종 선발하느냐에 대한 리더의 선택으로 인해 한 조직의 미래가 큰 영향을 받기도 한다. 이런 점에서 비효율의 리스크를 결코 가볍게 볼 수 없다.

많은 사람이 비효율의 리스크를 본인과 상관없다고 여기기도 한다. 윗선에서 결정을 하고 자신은 그에 따라 실행만 하면 된다고 생각하기 때문이다. 겉으로는 그렇게 보일 수도 있다. 그러나 조직의 의사 결정은 리더 한 사람이 다 하는 게 아니다. 의사 결정을 위해 판단의 근거를 조사하는 일에는 조직 구성원 전부의 노력이 필요한 경우도 많다. 그뿐 아니라 조직 전체의 방향이 정해졌다 하더라도 담당자 입장에서 구체적인 실행을 하기 위해서는 다양한 선택지 중 가장 효율적인 것을 선택해야 하는 문제에 끊임없이 맞닥뜨린다.

결국 리더부터 실행 담당자에 이르기까지 모든 구성원이 각자의 위치에서 가장 효율적인 선택을 할 때 조직과 기업의 전체 경쟁력이 극대화한다.

모든 리스크를 다 언급할 수 있는 사람은 없을 것이다. 언급하는 그 순간에도 새로운 리스크가 생겨나고 있기 때문이다. 그러나 전문가와 뉴스에서 예상하고 언급하는 리스크, 내가 속한 조직이나 회사가 과거에 경험했던 리스크, 함께 일하는 동료나 전문가가 조언해주는 리스크, 나 스스로 수많은 시나리오를 그려보고 거기에서 찾아내는 리스크 등 우리는 이미 상당히 많은 리스크를 예측할 수 있다. 그러면 대비책도 세울 수 있다. 리스크를 예측하고 대비책을 세우는 것이 리스크 관리다.

다년간의 업무 경력을 거치다 보면 리스크의 목록은 어느 정도 자연스럽게 몸에 밴다. 몸소 경험하며 저절로 터득하는 과정에 의도적인 노력이 합쳐진다면 우리의 성장은 더욱 놀라워진다. 한 가지 업무를 놓고 고려하는 리스크의 범위가 넓고 깊을수록 내공 있고 빈틈없는 프로라는 평가를 들을 수 있다.

조 사장의 노트

▶ 시간과 자원을 모든 곳에 쓸 수 없는 것이 현실이다.

▶ 기획자로서 가장 중요한 사업을 선택하는 것이 능력이다.

▶ 작은 기업일수록 시간과 자원을 낭비하는 대가는 돌이킬 수 없다.

4

Approach,
전략적으로
나아가라

작은 퍼즐들로 큰 그림을
완성하는 설계의 과정

조 대표, 사자레코드 설립부터 아티스트 영입까지

아티스트와 상사맨의 만남

10대 초반부터 30년 가까이 음악에 빠져 아티스트로 한 우물을 판 동생, 스컬. 스컬의 개인 사업체를 어엿한 법인으로 바꾸고 전문 경영인으로 자리 잡은 형, 조 대표. 형제가 엔터테인먼트업계에서 만난 것은 코로나 사태의 영향도 있었다.

스컬은 코로나 시국을 맞자, 공연을 통한 팬들과의 만남이 거의 불가능했다. 방송 출연보다 공연장에서 팬들과 함께 만들어내는 에너지를 좋아하고 그것이 강점이었던 스컬에게는 더더욱 타격이 컸다. 음악 작업도 차질을 피할 수 없었다. 음악에 모든 것을 걸고자 만들었던 기획사라는 조직은 도리어 걸림돌이 되었다. 코로나 사태에 휘말린 관리 업무로 정작 음악 작업에 몰입하지 못하는 기간이 생각보다 길어지면서, 아티스트의 삶을 지속할 수 있을지 회의까지 들었다. 그때 도움의 손길을 내민 사람이 형이었다.

종합상사에서 수백억 규모의 사업도 진행해보고, 전 세계를 다니며 안

해본 일이 없는 조 대표였다. 음악가로서의 자기만큼이나 사업가로서의 형을 인정하는 스컬이었다. 사실 엔터테인먼트업계에서 아티스트가 음악에 전념하고 그 형제가 관련 사업의 경영을 전담하는 경우는 종종 있다. 스컬을 대중 가수로 키워주었던 Y 기획사 자체가 그러했다.

조 대표 역시 한국의 엔터테인먼트 산업에 도전해보고 싶은 포부가 있었다. 아티스트의 음악을 중심으로 하나의 문화가 탄생하니, 그 문화를 공유하는 사람들이 찾는 패션, 음식, 공간 등 모든 것이 사업의 영역이라고 생각했다. 다른 사람들이 발 딛지 않은 새 영역에 도전하고 싶기도 했다.

특히 코로나 시대의 비대면 생활 방식에서 자라나는 미래 세대의 영토를 선점하고 싶었다. 그러기 위해 메타버스와 NFT로 대표되는 가상세계의 영역을 개척하고 싶었다. 현실에서는 대형 기획사들의 존재감이 너무 커서 그들과 경쟁할 수 없지만, 가상세계를 선점하면 또 하나의 성장 스토리를 쓸 수 있으리라 생각하니 조 대표의 도전 세포들이 요동쳤다. 그런 마음으로 스컬의 개인사업체였던 사자레코드를 정식 법인으로 바꾸며 경영 일선을 맡게 되었다.

2021년 11월, 사자레코드 사무실

공연, 제작, 홍보, 계약……. 수많은 일정이 기다리는 12월이 닥쳐온다.

"내가 노래할 때보다 쿤타가 노래할 때 더 좋더라. 이제 나는 가수 그만하고 프로듀서 일에 전념해야 할 것 같아."

'좋더라'는 스컬의 말에 조 대표의 정신없이 흐르던 시간이 멈칫했다.

. . .

20대에 국내 굴지의 기획사에서 기대주로 촉방받다가 국내 가수로서는 거의 처음으로 미국 무대에 직접 도전했던 스컬. 세계적인 프로듀서와 함께 작업하면서 미국, 레게 음악의 본고장인 자메이카에서도 인정받았다. 정말 한 우물을 열심히 파면 결국 물이 나온다는 것을 온몸으로 증명했다.

그러나 한창때 군 복무로 2~3년간, 미국 파트너의 개인적 사정으로 몇 년간 활동을 멈춰야 했고, 그사이 대중가요의 세계는 대형 기획사에서 키워낸 아이돌이 주도하는 시장으로 완전히 굳어졌다. 스컬이 고집스럽게 물고 늘어졌던 레게 음악은 점차 소수 마니아의 전유물이 되어버렸다. 그렇게 5년, 10년이 흘렀다. 동생 스컬을 보면 시류에 휩쓸리지 않고 자기만의 예술 세계에 모든 것을 걸었던 과거의 장인들에게 느낀 존경심과 안쓰러움이 고스란히 든다.

그런 스컬이 작년 말 쿤타를 영입하자고 했을 때, 조 대표는 상당히 조심스러웠다. 쿤타는 스컬과 많이 비슷했다. 고집스럽게 자기 음악만 추구했나. 그의 음악성은 전문가일수록 인정하는 "가수들의 가수" 경지였으나, 대중성을 따르지 않는 그의 음악 세계는 소수 마니아에 국한되었다. 서로 닮은 쿤타와 스컬은 어려서부터 음악적으로 교감하며 인간적 신뢰가 깊었다. 스컬은 노래하는 아티스트가 아닌, 아티스트를 만들어내는 프로듀서로서 자신의 첫 작품으로 오래전부터 쿤타를 생각하고 있었다.

그렇지만 쿤타를 영입하는 것은 신생 기획사로서는 쉽지 않은 도전이었다. 아티스트 한 명이라고 하지만, 그를 지원하는 매니저가 있어야 하고, 작업 진행과 홍보 및 마케팅에 들어가는 투자금도 필요했다. 코로나가 완전히 끝나지 않은 상황에서 부담스러운 점이 한두 가지가 아니었다. 한편 스컬만으로는 사업의 한계가 분명 있기에, 코로나 이후의 시장을 선점하기 위해서도 변화와 도전이 필요한 시점이었다.

그렇게 쿤타의 영입을 결정한 시점이 작년 이맘때다. 이후 약 1년간, 정말이지 다양한 활동을 했다. 스컬과 쿤타는 꾸준히 음악 작업을 했고, 조 대표는 대중에게 쿤타를 조금이라도 더 노출시키려 방송은 물론 각종 SNS 매체를 지속적으로 활용했다. 쿤타의 팬들은 그의 노래뿐 아니라 패션에도 관심을 보였다. 이를 조 대표는 놓치지 않았다. 의류업체와 협업하여 쿤타의 아이덴티티를 녹인 패션 브랜드를 론칭하고, 주요 백화점이나 쇼핑 센터에서 팝스토어를 여는 등 쿤타를 더욱더 대중에게 노출시키는 방법을 총동원했다.

이로써 쿤타의 대중적 인지도와 인기가 높아지자, 가장 반기는 사람들은 단연 수십 년 된 팬들이었다. 마니아를 자처하는 그들은 쿤타가 대중에게 자주 언급될 때마다 "쿤타가 행복하게 노래하는 모습을 보는 내가 행복하다." 하며 자기 일인듯 기뻐했다. 쿤타와 오랜 팬들의 모습을 지켜보면서 누구보다 행복한 사람이 바로 스컬이었다.

· · ·

쿤타를 영입한 초기에, 한국 나이로 40세인 가수여서 안 된다고 말리는 사람들도 적잖았다. 그 와중에 쿤타의 음악성을 세상에서 가장 잘 아는 장본인이 자기라는 생각으로 그의 음악을 알리는 데 모든 것을 걸었던 스컬. "내가 노래할 때보다 쿤타가 노래할 때 더 좋더라." 하는 동생의 말에 조 대표는 지난 세월이 스쳐가면서, 어느새 프로듀서로 우뚝 선 스컬의 모습이 새롭게 다가온다.

"형, 난 요즘 쿤타가 행복하게 노래하는 모습이 너무 좋더라. 그래도 좀 아쉽긴 해. 쿤타의 노래는 듣는 사람을 행복하게 해주는데, 뭔가 폭발적인 게 있으면 더 좋을 것 같아."

조 대표는 스컬이 무슨 얘기를 할까 싶었다.

"나나 쿤타는 20년, 30년을 우리가 좋아하는 레게 음악을 해왔는데 항상 아쉬운 점이 있었어. 요즘 음악이 좀 자극적인가? 그런 음악에 길들여진 대중에게 다가가기가 쉽지 않네."

오랜 시간 스컬의 고민을 옆에서 지켜본 조 대표는 그 말을 누구보다 잘 이해했다.

"쿤타의 음악 색깔을 바꾸지 않으면서, 대중에게 폭발적인 모습을 보여주려면 어떡하면 좋을까? 그게 요즘 내 고민이야."

조 대표는 스컬이 하려는 말을 직감했다.

"그래서 말인데, 조광일을 영입해서 쿤타랑 한 팀으로 만들어보면 어떨까?"

조광일은 조 대표도 아는 아티스트다. 이제 40대에 접어든 스컬이나 쿤 타와는 달리 고등학생이었다. 힙합 가수 경연에서 쿤타와 경쟁하고 최종 우승을 차지한 무서운 10대. 스컬이나 쿤타가 리듬감이 큰 레게 음악을 기반으로 한다면, 조광일은 극히 공격적이고 비트박스를 연상케 하는 폭 발적 발성이 특징이었다. 노랫말도 거칠고 직설적인 내용이었다. 그래서 별명도 "속사포"였다. 한마디로 스컬이나 쿤타는 기본기가 튼튼하고 듣는 이를 편안하게 해주는 반면에, 조광일은 바로 폭발할 듯한 폭탄 같은 존 재였다.

스컬이 조광일을 언급하는 순간, 조 대표는 정신이 아득해졌다. 아티 스트 한 명을 추가함으로써 발생하는 엄청난 비용부터 떠올랐기 때문이 다. 작년에 쿤타를 영입하는 데 들인 투자를 감당하기 위해 1년간 정신없 이 뛰었고, 이제 겨우 안정화되는 단계였다. 그런데 지금 아티스트 한 명 을 더 확보하자는 건 더 많은 투자와 비용을 불러들이는 일이었다. 조 대 표는 조심스러울 수밖에 없었다.

"조광일은 너나 쿤타랑은 전혀 다른 음악을 하는 거 아니니?"

스컬이 조 대표에게 경영을 일임했듯이, 음악은 조 대표가 개입하지 않 는 것이 두 사람의 약속이었다. 그래서 이 질문 자체가 이례적이었다.

"다르지. 그런데 절대 어울릴 것 같지 않은 두 사람, 누구에게나 녹아들 수 있는 사람과 가장 공격적이고 매운맛 나는 사람이 팀을 이루면 어떨까?"

"음악적인 거야 네 판단을 100% 신뢰해. 그런데 그런 도전적이고 실험 적인 생각이 있대도 우리의 경영 현실을 판단해야 하잖아. 그 친구 한 명을 영입한다는 건 그 친구와의 음악 작업이 다가 아니야. 홍보, 마케팅, 사업 기획 등등 사업 자체가 하나 더 생기는 거지."

그날 형제는 결론을 내지 못했다. 스컬은 조광일과 쿤타가 한 팀을 이루는 그림만으로 흥분되었지만, 조 대표의 말이 일리 있음을 알고 있었다. 조 대표 역시 당장은 투자 여력에 분명 한계가 있지만, 미래를 위해서도 도전하지 않으면 안 된다는 것을 알고 있었다.

2021년 12월, 시자레코드 사무실

조 대표는 조광일의 영입을 놓고 일주일째 계속 고민했다. 이번 결정이 기획사의 운명에 큰 영향을 미칠 것이라 느꼈다. 신중해야 하면서도 망설이면 안 되었다. 이제는 결정을 해야 한다. 며칠간 공연과 작업으로 정신없었던 스컬과 오늘 만나는 이유도 그 일 때문이다. 조 대표가 먼저 얘기를 꺼낸다.

"쿤타와 조광일이 극과 극인 만큼 잘되면 폭발력이 있을 거라는 네 음악적 판단을 믿는다. 그런데 투자 한번 잘못하면 우리 같은 작은 기획사는 단번에 어려워지는 거 알지?"

스컬도 공감한다. 그런 스컬을 보며 조 대표가 조심스레 입을 뗀다.

"그럼 이렇게 접근해보면 어떨까?"

"좋은 생각 있어?"

"먼저 파일럿 프로젝트를 하나 하자."

조 대표의 제안에 스컬이 반문한다.

"파일럿?"

"응. 정식으로 조광일을 영입하기 전에 쿤타와 한 팀을 이룬 음악 작업을 하나 해보자. 그러고는 전문가와 대중의 반응을 살펴보자고. 조광일을 영입했는데 막상 우리가 무대를 만들어주지 못하면 피차 마이너스잖아."

스컬은 생각에 잠기더니 이내 좋은 생각이라고 찬성한다.

"아이디어 좋다! 그런데 파일럿 하나를 하더라도 작사와 작곡에 홍보랑 마케팅까지…… 거의 다 해야 할 텐데……."

스컬이 호응하자 조 대표는 준비한 계획을 꺼내놓는다.

"리믹스 어때? 기존에 있던 좋은 곡을 재해석해 새롭게 편집하면, 없던 곡을 새로 만들어내는 것보다는 시간도 품도 줄일 수 있어 효율적이지 않을까? 재해석 자체로 주목받을 여지도 있고."

"음, 리믹스…… 그것도 나름대로 작업이 만만하진 않겠지만, 처음부터 시작하는 것보다야 시간이나 에너지가 덜 들겠지. 내가 미국에서 활동할 때 같이 작업했던 BG가 한국에 오거든. 아예 그 친구랑 쿤타, 조광일이 한 팀인 작업을 해볼까?"

"그래, 좋겠다!"

2022년 1월, 사자레코드 사무실

몽골 출신으로 국제적 명성을 쌓은 BG가 한국 아티스트와 함께 프로젝트를 하길 원했었기 때문에 쿤타, 조광일과의 팀 프로젝트는 신속하게 진행되었다.

일단 BG부터 쿤타와 조광일의 매력에 깊이 빠졌다. 정통 레게 음악을 하는 쿤타의 안정된 모습, 폭발적인 조광일의 음색은 글로벌 스타인 BG에게도 무척 매력적이었다. 작업하는 분위기도 매우 긍정적이었고, BG의 대표곡을 리믹스했기 때문에 처음부터 새로운 곡을 만드는 것보다 빠르게 진행되었다.

기획부터 결과까지 채 2주도 안 되는 짧은 기간에 결과가 나왔다. 쿤타와 조광일의 파일럿 프로젝트의 결과를 모니터링하는 조 대표는 점점 상기되었다.

음악 전문가들과 마니아 팬들 모두 쿤타와 조광일이라는 생각지도 못한 조합에 신선하다는 반응을 보였다. 쿤타에게 부족했던 폭발력이, 조광일에게 아쉬웠던 공감력이 서로 보완되며 시너지를 냈다는 호평과 기대감이 이어졌다. 대중의 즉각적 반응을 가늠할 수 있는 유튜브 조회수 역시 만족스럽게 나왔다.

그중에서 조 대표의 관심을 가장 많이 끈 모니터링 그룹은 음반 기획 전문가들이었다. 대중의 취향을 누구보다도 잘 아는 그들을 여러 번 만나면서 의견을 들었다. 일반적인 팬들처럼 신선한 조합이라는 것에 후한 점수를 주는 사람들도 있었고, 실험적인 이 프로젝트를 장기적으로 어떻게 키워갈지 궁금해하는 사람들도 있었다.

팀 프로젝트 얘기가 나오고, 기획하고, 음악을 만들고 뮤직비디오를 완성하고, 팬들과 전문가들의 평가를 알아보기까지 3주의 시간이 걸렸다. 이제는 결정을 내려야 하는 시점이다. 스컬은 기대했던 음악적 가능성을 재

발견했고, 조 대표는 사업성에 새삼 눈떴나. 둘은 조광일을 영입하기로 결정했다.

2023년 6월, 사자레코드 사무실

사자레코드에서 조광일을 영입한 지 5개월 만에 그의 첫 작품을 출시한 날. 스컬은 자신의 노래가 발표되었던 어떤 날보다도 긴장했다. 가수인 자기보다 기획자였던 선배들이 더 긴장했던 20년 전의 모습이 떠오르기도 했다.

조 대표도 긴장하긴 마찬가지였다. 종합상사원 시절부터 지금까지 많은 사업을 해왔지만, 엔터테인먼트처럼 고객의 반응을 분초 단위로 확인해야 하는 분야는 없었다. 이곳은 대중의 취향을 읽고 그들이 원하는 감동을 선사해야 하는 기획의 올림픽 같았다. 그리고 조광일은 조 대표가 이 세계에서 생존 가능한지 가늠해볼 수 있는 리트머스 같은 존재였다. 조광일을 만난 이후 그의 인간적인 매력, 음악가로서의 실력에 반하기도 했지만, 내가 좋아하는 것이 꼭 사업으로 이어지진 않음을 너무나 잘 알고 있는 조 대표였다.

조광일과 쿤타가 팀으로 함께 만든 작품을 완성하는 한편, 마케팅 전문 업체와 협업하여 언론과 SNS 홍보 활동도 열심히 했다. 지난 몇 주간은 만나는 모든 사람이 고객이자 팬이었다. 그들이 함께 만든 음반은 또 다른 의미에서 조 대표의 음반이기도 했다. 그렇게 몇 주는 정신없이 보냈는데, 작품을 출시하는 날은 오히려 마음이 평화로웠다.

음반 발표 3일 만에 뮤직비디오 조회수 100만 돌파! 대중의 반응이 뜨거웠다. 그동안 접해보지 못한 관심이다. 조 대표는 아무것도 확실하지 않았던 시간 속에서 하나하나 준비하고 만들어낸 작품이 대중의 선택을 받았다는 것, 그 짜릿함을 만끽했다. 그런 순간이야말로 기획자가 얻을 수 있는 최고의 기쁨이라 생각했다.

· · ·

조 대표는 파일럿 프로젝트를 해보자는 해결책을 생각해냈던 순간이 아직도 뿌듯하다. 어떤 새로운 것을 시도할 때 무엇이든 원하는 대로 일사천리 진행된다면 행복하겠지만, 단언컨대 그럴 리가 절대로 없다. 우리의 현장이란 이해관계가 복잡하게 얽힌 사람들, 생각지도 못한 리스크, 넘어서야 할 경쟁 구도 등 온갖 장애물이 도처에 숨어 있는 곳이다.

이런 현장에서 기획자는 선택을 해야 한다. 리스크 때문에 기획을 접을 것인가? 아니면 리스크를 뚫고 나아갈 것인가?

조 대표가 파일럿 프로젝트라는 아이디어로 돌파구를 마련한 것처럼 당신도 리스크를 뚫고 나아가야 할 순간을 맞는다. 목표를 향해 전진해야 하는 책임은 막중한데 장벽에 부딪혀 진퇴양난일 때, 다음에 소개하는 전략이 당신에게 도움이 되길 바란다.

① 태스크포스 Task Force : 기동성 높은 능력자를 모은다.

② 벤치마킹 Benchmarking : 앞서 성공한 자에게 배운다.

③ 컨설팅 Consulting : 전문가의 머리를 빌려온다.

④ 아웃소싱 Out Sourcing : 숙련자의 손발을 빌려온다.

⑤ 파일럿테스트 Pilot Test : 먼저 작게 시작해본다.

⑥ 위험관리 Risk Management : 최악을 대비하며 전진한다.

기동성 높은 능력자를 모은다

▪ Task Force

기존에 없었던 프로젝트가 특별히 생기거나 돌파구가 필요한 상황에서, 그 문제를 집중적으로 해결하기 위한 특별 조직을 구성하는 경우가 많다. 기존의 조직만으로는 낯선 문제와 목표를 제대로 다룰 수 없기 때문이다. 그런 현장에서 자주 접하는 특별 조직이 일명 '티에프T/F'라 불리는 태스크포스Task Force 이다.

'Task Force'가 군사 용어에서 유래했다는 것을 아는 사람은 별로 없다. 제2차 세계대전 당시 미 해군은 전통적인 방식으로 조직을 운영할 수 없었다. 우선 유럽부터 아시아에 이르는 전 세계에 전선이 형성되어 있었고, 지역별·시기별로 다양한 연합군과 합동해야 했으며, 상륙 작전이나 항공 지원같이 육해공군이 공농 작전을 펼쳐야 하는 경우가 수시로 발생했기 때문이다. 이런 환경에서 고정적이고 전통적인 상하 관계 조직으로는 효율적인 작전 수행을 할 수 없었다.

이에 미 해군은 각 지역과 각 시기의 전투 목표, 즉 'Task'에 따라 적합한 조직을 신속하게 구성하고 해체하는 유연한 운영 방식을 취했다. 상륙 작전이 필요한 곳은 해병대와 협력하며, 상륙함 또는 구축함 등 상륙 작전에 적합한 함대를 조직해서 대응했다. 대양의 제해권을 장악하기 위해서는 항공모함, 전함, 순양함, 구축함 등이 결집하여 상대국과 대결하도록 준비했다. 새로 개발한 핵폭탄을 실험하기 위해 긴급하게 특별 조직을 구성해 은밀하게 운영하기도 했다. 목표했던 작전을 수행한 이후에는 조직을 구성한 인적, 물적 자원을 또 다른 목표에 따라 재배치하길 반복했다.

이런 배경에서 탄생한 태스크포스는 비즈니스 세계에서도 적극적으로 활용되고 있다. 기존의 조직 구성으로는 감당하기 쉽지 않고 전 조직의 전문가와 담당자가 모두 협력해 진행해야 하는 신사업 개발, 대규모 M&A, 회사 전체의 조직 개편 같은 과제는 대체로 태스크포스를 운영한다.

고정적 상하 관계를 넘어야 보이는 것들

전통적으로 기업은 조직을 기능별로 나누었다. 기능에 따라 개발, 생산, 영업, 지원 등의 단위로 조직을 분류해 각각의 조직에 직원들을 배치하고 속한 단위별로 유사한 업무를 반복적으로 실행하게 했다. 큰 변화가 없는 시장에서 대규모의 생산품을 가장 효율적으로 만들어낼 수 있는 조직 체계였다.

IMF 체제 이후로는 기업이 조직을 사업부별로 나누었다. 사업이 다양해지면서 각 사업을 맡은 사업부장은 자기 사업부를 별도의 회사처럼 운영했다. 사업부 내에 기능별 조직이 따로 갖춰져 있어서 경영 활동을 완성할 수 있었다. 한 기업이 여러 사업을 하면서 각각의 사업이 경쟁력을 유지하도록 하기 위한 조직 체계다.

그런데 경영 환경이 급변하면서 위와 같이 고정적인 조직으로는 때맞춰 적절하게 대응하기 어려워졌다. 새로운 사업의 개척, 신규 시장 진입, 갑작스러운 규제 변경, M&A 등 기업의 특별한 과제는 기존의 고정적인 조직으로는 담당부서나 담당자가 명확하지 않아서 해결하는 데 한계가 있다. 그런 과제를 가장 효율적으로 담당하여 해결할 수 있는 조직 자체가 없기 때문이다.

이렇게 일시적이고 다방면의 전문가들이 필요한 과제가 발생할 때, 과제 해결만을 목적으로 기업 내부의 전문가를 모으는 태스크포스가 활용되는 것이다. 과제 성격에 따라 기업 외부의 컨설턴트까지 모아 같이 일할 수도 있다. 현재는 일반화되어 많은 기업이 활용하는 태스크포스는 분명 다양한 강점이 있다.

일단 해결하고자 하는 태스크가 명확하기 때문에, 태스크포스 운영의 결과가 확실하다. 고정적인 조직이 특별한 태스크를 맡으면 기존에 수행하던 업무들과 새로운 태스크 사이에 우선순위를 고민해야 한다. 그러다 보면 그 태스크가 전적으로 우선이지 않을 때도 생긴다. 태스크의 성공과 실패의 기준을 다른 업무나 조직원과 연관된 문제로 조정하는 경우도 있다. 그러면 태스크 자체의 온전한 해결을 방해할 수도 있다. 그러나 태스크포스를 운영하면 오로지 특정 태스크에 모든 우선순위를 배정할 수 있고, 그 성공의 기준을 최대로 높일 수 있다. 그 결과를 도출해야 하는 기간 또한 명확하게 정할 수 있다.

게다가 태스크포스에 참여한 직원들은 평상시 업무에서 경험할 수 없는 새롭고 도전적인 임무를 해결함으로써 역량을 한층 키울 수 있다. 기능 조직이나 사업부 조직에서는 경험할 수 없는 임무를 태스크포스에서 다루게 되면 직원들의 문제 해결 역량이 높아지고, 그들이 원래 조직으로 복귀하면서 자기 역량을 전파하는 선순환이 이뤄지기도 한다.

한편 태스크포스는 평상시 불가능한 부서 간 소통을 가능하게 한다. 여러 부서의 인력이 모여 그 안에서 다양한 네트워크가 형성되기 때문이다. 보통 특정 부서가 업무를 전담해 진행할 때 다른 부서는 상대적으로 무관심하거나 무지하기 쉽다. 그런데 태스크포스에서 진행하는 업무는 처음부터 다양한 부서에 영향을 주고자 기획되는 경우가 많으므로, 인력과 정보의 교류가 더 촉발된다.

TF의 필요가 피로가 되지 않게

태스크포스는 위와 같이 여러 장점이 있지만, 잘 활용하려면 고민해야 할 것들도 분명히 있다.

우선 태스크포스에 참여하는 인원의 보고 라인을 명확히 해야 하고,

평가나 태스크포스 이후의 인력 운영 등에 명확한 지침이 있어야 한다. 이로써 참여자들이 불이익을 받지 않도록 해야 한다.

태스크포스에 참여하는 인원이 태스크포스 조직뿐 아니라 기존 조직에도 보고를 해야 하는 이중 부담을 지는 경우도 종종 발생한다. 또 태스크포스에 쏟은 기여도를 원래 조직으로 복귀한 후 제대로 평가받지 못하는 경우도 발생하고, 심지어 태스크포스에 참여했던 인원이 역할 수행 이후 원래 부서로 복귀하지 못한 채 제대로 된 역할을 부여받지 못하는 경우도 생긴다. 이러한 리스크 때문에 우수한 인력이 태스크포스에 속하길 꺼리거나, 원래 소속 부서장이 핵심 인력을 태스크포스에 내놓지 않는 경우도 많다. 이런 상황을 미리 충분히 인지하고 태스크포스에 참여할 직원 본인뿐 아니라 소속 부서장의 동의를 받을 전략이 없으면 태스크포스를 제대로 수행할 수 없다.

태스크포스로 얻은 결과물을 어떻게 활용할지 방향 설정도 확실해야 한다. 새로운 사업, 제품, 시장을 개척하는 태스크포스가 있었다면, 그 결과를 토대로 계속 사업을 진행해 나갈 조직을 만들거나 기존의 조직에 그 업무를 명확하게 배정해야 한다. 그런 과정을 뒤잇지 않으면 태스크포스로 힘겹게 얻은 소중한 결실을 헛되게 할 수도 있기 때문이다.

사실 태스크포스 자체는 기존 조식에 부담을 주는 전략이다. 상당한 자원과 인력을 기존 조직에서 가져와 한시적이나마 별도의 조직을 만드는 일이기 때문이다. 그래서 태스크포스를 과도하게 활용하면 기존 조직의 불만과 피로도가 높아진다. 이 문제도 반드시 사전에 고민해야 한다.

탄탄한 태스크포스를 꾸리는 원칙

사자레코드에 합류하면서 음악에 대해서는 전적으로 스컬이, 경영에 대해서는 완전히 내가 담당하기로 약속한 것부터 회사 직원들을 모으는 과정, 그리고 스컬·쿤타·조광일·BG의 컬래버레이션 앨범을 내는 것에 이르기까지 대부분의 과정은 혼자가 아닌 팀으로 움직이는 일이었다. 종합상사 시절에는 임 팀장님, 김 과장님과 호흡이 척척 맞는 팀이었고, 할라피뇨 사업도 안드레아스라는 현지 팀원이 없었으면 처음부터 진행이 안 되었을 것이다.

사업을 하면서 새로운 직원을 고용하거나 다른 전문가들과 협업해야 할 때가 많다. 그러다 보니 팀을 꾸릴 때 어떤 법칙이 있을까 고민하게 된다. 오랜 경험 속에서 고민을 거듭해 내 나름대로, 팀을 꾸리고 운영하는 몇 가지 원칙을 갖게 되었다.

① 팀이 완수해야 하는 목표와 과제를 명확히 정한다

무턱대고 사람만 모은다 해서 팀이 되는 것은 아니다. 모든 팀은 그 팀이 왜 있어야 하는지, 무엇을 하는 팀인지에 확실한 답을 갖고 있어야 한다. 그 질문에 대답하지 못하면 구성원은 자기가 왜 여기 있는지, 무엇을 해야 하는지 혼란스럽다. 리더는 팀을 구성하기 전 명확하게 팀의 과제와 목표를 정하고, 그것을 합류하는 구성원에게 지속적으로 알려야 한다. 팀의 과제와 목표에 동의하는 사람이 합류할 때 그 팀원이 자율적으로 잠재력을 다하여 업무에 몰입할 수 있다.

② 과제를 달성하기 위해 필요한 팀 역량을 분석한다

팀의 목표와 과제를 명확히 하면 그것을 달성하기 위해 필요한 역량을 정확히 분석해야 한다. 그때 앞서 언급한 리스크 관리 측면에서 접근하는 것도 한 방법이다. 팀이 목표 달성을 향해 가는 도중 발생할 만한 다양한 리스크를 미리 생각해보면 그 리스크를 해결하는 데 필요한 역량을 구체화할 수 있다.

③ 필요 역량을 기준으로 팀을 꾸린다

팀의 목표를 명확히 하고 달성을 위한 필요 역량을 정확히 정의했다면, 그 역량을 갖춘 사람들로 팀을 꾸려야 한다. 이 단계가 정확히 되지 않으면, 필요 역량이 미진하거나 과잉인 사람을 모을 수도 있다. 필요 역량이 미진한 직원이라면 "내가 이걸 어떻게 해요!" 할 테고, 과잉인 직원이라면 "내가 이걸 하려고 여기 왔나?" 할 것이다.

　때로는 기존의 직원들을 교육해 필요 역량을 확보할 수도 있는데, 함께한 기간 동안 이미 문화 코드를 맞춘 사람들이어서 "함께 일하기 싫은 진상"을 새로 채용하는 리스크는 피할 수 있다. 아울러 그들 자신은 성장의 보람을 느낄 수도 있다. 그러나 교육을 막상 하려고 하면 직원들이 기존 업무에 새로운 과제까지 보태져 과중한 부담으로 느끼는 경우도 있다. 그런 경우 기존 업무 중 불필요한 것을 과감히 없애거나 업무 분장을 새롭게 하는 등 세심한 조치가 필요하다.

앞서 성공한 자에게 배운다

■ Benchmarking

어떤 기획자든지 "G사가 이런 것을 하는데 우리도 도입해봅시다."라는 업무 지시를 받은 적이 있을 것이다. 그만큼 기획자가 활용할 수 있는 가장 기본적인 전략이 벤치마킹 Benchmarking 이다. 이 용어는 흔히 쓰는 데 비해 어떤 의미인지 진지하게 되새기지 않고, 기계적으로 기존의 방식을 따라 하는 수준에 머무르기 쉽다.

수백 년 전의 건축가를 상상해보자. 건축물을 세워야 하는데 그 높이를 정확히 측정할 방법이 필요했다. 지금 같은 첨단 도구가 없었던 건축가는 건축물 주변에 눈금이 매겨진 쇠막대를 세운다. 그러고는 필요할 때마다 쇠막대에 높이를 표시해두면서 작업을 계획해 나간다. 이렇게 쇠막대에 표시한 기준점을 그 당시 사람들은 "Bench Mark"라고 불렀다.

원래 토목 용어인 벤치마크에서 유래한 벤치마킹은 제록스가 캐논을 철저하게 분석하는 과정에서 명명하게 되었고, 이후 경영 용어로 널리 쓰였다. 1980년대 초 복사기를 발명한 제록스는 자사를 추월한 일본 캐논의 경쟁력을 분석하고자 캐논의 품질 관리, 원가 관리, 디자인, 가격 징책, 제조, 마케팅 등 모든 프로세스를 자사와 비교 평가하면서 그 과정을 '벤치마킹'이라 칭했다. 30년 전 우리나라 기업들은 선진제품 비교전시회라는 이름으로 세계 일류 제품들과 자사 제품을 비교하며 앞으로의 개발 방향을 기획하기도 했다. 다름 아닌 벤치마킹이었다.

어느새 벤치마킹은 앞서가는 기업의 장점을 배우기 위한 전략으로 우리의 현장에서 가장 흔히 접하게 되었다.

눈에 보이는 분명한 목표의 매력

새로운 사업이나 제도를 시작하려 할 때 가장 일반적으로 시도하는 방법 중 하나가 벤치마킹이다. 왜 그럴까?

새로운 사업이나 제도라는 것 자체가 세상에 없던 새로운 창조물인 경우보다는, 다른 선도자가 이미 시행했는데 그 효과가 좋아서 점점 넓게 확산되는 경우가 많다. 기업은 조금이라도 더 효율적이고 우수하려는 경쟁에서 뒤처지는 것을 가장 두려워하기 때문에, 한 기업이 무엇을 잘하면 경쟁자들도 그것을 신속하게 도입하려는 유혹을 느끼게 된다. 더 정확하게는, 그것을 하지 않으면 뒤처진다는 불안감을 느끼게 된다.

선도 기업을 벤치마킹한다는 것은 눈에 보이는 목표라는 점에서 매력적이다. 목표란 원래가 앞으로 달성하고자 하는 의욕이 반영된 것이지,

지금 눈에 보이는 실체가 아니다. 눈에 보이지 않고 명확하지 않은 것을 향해 가는 상황에는 많은 실수와 비효율이 따를 수 있다. 그런 면에서 선도 기업을 보며 신속하게 모방하겠다는 전략으로 벤치마킹을 하는 것은 명확한 목표를 제시하는 장점이 있다. 우리 현장에서 CEO나 팀장이 어떤 기업을 벤치마킹하라고 할 때, 지시를 내리는 사람이나 받는 사람이 모두 머릿속에 무엇을 벤치마킹할지 공통된 목표를 사전에 공유하는 경우가 많다. 이럴 때는 업무 추진의 속도와 효율이 증가할 수 있다.

선도 기업 벤치마킹은 새로운 시도에 저항하는 사내 조직이나 개인을 설득하는 근거가 되기도 한다. 새로운 사업이나 제도를 기획할 때 조직 전체가 찬성해주는 경우는 거의 없다. 새로운 아이디어로 사업과 제도를 구상하는 것보다 회사 전체에 그것을 설명하고 함께 움직이도록 설득하는 일이 더 어렵고 중요한 경우가 많다. 그럴 때 반대하는 쪽의 논거는 현재가 된다. 현재 눈에 보이고 손에 잡히는 것을 근거로 반대하게 되면, 보이지 않는 목표와 당위성으로 추진해야 하는 기획 담당자들은 그 반대를 넘기가 쉽지 않다. 그럴 때 선도 기업에서 이미 시행하고 있는 사업과 제도를 실제 증거로 활용해 반대자들을 설득하는 논리를 강화할 수 있다.

지피지기 백전불태를 잊으면 실패한다

벤치마킹을 하기 위해서 가장 먼저 해야 할 것은 무엇일까? 선도 기업을 선정해 그들을 분석하기 전 자기 자신을 아는 것이다. 손자병법에서도 "지피지기 백전불태"라고 했듯이, 상대를 아는 것 못지않게 중요한 것이 자기를 아는 것이다. 그러나 우리는 현장에서 자기 자신을 분석하는 것을 신중하게 생각하지 않을 때가 많다. 왜 그럴까? 우리가 우리 자신을 알고 있다고 가정하기 때문이다.

특히 경영자나 상사로부터 선도 기업을 벤치마킹하라는 업무 지시를 받았을 때, 그 담당자는 속으로 이렇게 생각한다. '우리 회사의 문제에 대해서는 나에게 일을 지시한 사람이 다 알고 있겠지. 그러니 나는 그다음 단계인 선도 기업 파악에 집중하면 되겠지.' 그러나 이것은 가정일 뿐이다. 담당자에게 업무를 지시하는 사람조차 우리의 문제에 모호한 느낌이나 단편적 지식만 가졌을 뿐, 종합적이고 체계적인 분석을 하지 않은 경우가 많다. 외부의 대상을 벤치마킹할 때 우리의 문제, 우리의 현 위치에서 출발해야만 개선해야 할 사항, 부족한 부분이 명확해진다.

우리의 부족한 부분을 충분히 분석한 다음에는 무엇을 할 것인가? 상대방이 잘하는 부분을 분석해야 한다. 그럴 때는 배울 대상을 선정하는 것이 관건인데, 벤치마킹하는 사람들의 최종 목표가 무엇이냐에 따라 다를 것이다. 벤치마킹의 최종 목표가 세계 최고가 되는 것이라면, 당연히 세계 최고 수준인 상대방을 벤치마킹해야 한다. 벤치마킹의 최종 목표가 현실적으로 신속한 개선이 이루어지는 것이라면, 규모와 역량이 비슷한 상대방을 벤치마킹하는 것이 좋다.

지금은 기존의 질서가 무너지는 불확실성의 시대다. 그래서 업계의 전통적 강자가 아니라 혁신적인 기업을 벤치마킹해야 하는 필요성이 대두되고 있다. 과거에는 대기업, 공기업 등 업계에서 가장 크고 가장 안정적인 기업을 바라보았다면, 최근에는 스타트업이나 NGO 등 혁신의 성격을 띤 조직을 배우고자 한다.

우리의 현 위치를 파악하고 배워야 할 대상을 선정했다면, 그다음 진행해야 하는 단계는 무엇일까? 배워야 할 대상들은 갖고 있는데 우리에게는 없는 성공 요인을 파악하는 것이다. 우리가 파악해야 할 성공 요인은 다양하지만, 최소한 다음과 같은 요인은 깊이 있게 배워야 한다.

우선 벤치마킹 대상이 그들의 사업이나 제도를 시행하게 된 목적, 즉 해결하고자 했던 문제를 확인해야 한다. 단순히 그들이 성공했다는 이유만으로 우리와 전혀 다른 배경, 목적에서 발생한 사업과 제도를 배워서는 안 된다. 그들이 문제를 해결한 방법과 경쟁력에만 초점을 두지 말고, 어떤 것을 문제로 인식하고 해결하려 했는지 찾아야 한다.

그리고 새로운 사업이나 제도를 추진했던 행위자들을 분석해야 한다. 어느 정도 규모의 사람들이 어떤 역량으로 일을 추진했는지 배워야 한다. 많은 경우 벤치마킹하면서 상대방이 성공한 모습, 그 결과에만 초점을 맞추는데 우리에게 더 필요한 것은 그들이 어떻게 성공했는지, 그 과정에 대한 이야기다. 성공의 과정을 분석할 때는 그 일을 추진한 당사자들이 가장 중요한 변수다. 그래서 그들이 그 프로젝트를 추진할 때 어떤 조직과 역량을 갖추고 있었는지 확인하는 것은 중요하다. 그들이 업무를 추진하는 과정에서 만날 수밖에 없었던 여러 리스크와 그 대처법 또한 배워야 한다. 먼저 간 사람들이 겪은 장애물은 나중에 따라오는 사람들도 유사하게 경험할 가능성이 크다는 점이 우리가 벤치마킹을 하는 이유 중 하나다.

벤치마킹할 대상으로 선도 기업을 선정할 가능성이 크다. 뒤따라가는 사람들의 장점은 앞에서 먼저 겪은 장애물에 대비할 수 있다는 것이다. 벤치마킹은 성공한 결과를 배우는 게 아니라, 성공으로 가는 과정을 배우는 전략임을 잊으면 안 된다.

당신도 타 기업을 벤치마킹하러 갈 때가 있을 것이다. 그때 당신 기업에 대한 분석, 상대 기업에 대한 조사, 알고자 하는 분야에 대한 질문 리스트를 사전에 챙기지 않는다면, 당신은 벤치마킹하는 상대방을 귀찮게 하는 여러 형식적인 만남 중 하나로 끝을 볼 수밖에 없다는 사실을 기억하자.

효율적인 벤치마킹으로 가는 길

무엇인가를 새롭게 기획하는 사람이거나, 새로운 사업에 도전하는 사람은 대부분 비슷한 생각을 한다. 그 분야에서 최고인 사람이나 기업을 분석하고 그들의 경쟁력을 단기간에 배우길 원할 것이다. 나 역시 사자레코드에 합류한 후 제일 먼저 한 일이 업계의 대형 기획사들이 어떻게 사업을 영위하는지 분석하는 일이었다.

벤치마킹이 유용하고 여러 장점을 가진 방법이라는 사실은 틀림없지만, 중요한 단점이 있다. 방향을 잃기 쉽다는 점이다. 업계에서 1, 2위를 하는 벤치마킹 대상 기업을 분석하다 보면, 배우고 싶은 것이 한두 개가 아니다. 그래서 자꾸 범위가 확장되고 초점이 흐려진다.

그런데 나에게 일하는 방법을 가르쳐주었던 종합상사 시절의 임 팀장님은 다른 기업들을 벤치마킹할 필요가 있을 때 팀원들을 지도하는 그분만의 방법이 있었다. 그 방법을 다음과 같이 소개한다.

가설을 세우고 검증하라

종합상사 시절 임 팀장님은 '가설'을 강조했다. 그분은 "H사를 좀 알아 봐줘." 하는 식으로 과제를 주는 게 아니라, "H사는 왜 잘하는 것 같아?" 내지 "H사는 무엇을 잘한다 그래?"라고 물음부터 던졌다. 그럼 팀원들은 상식선에서 아는 정도로 답변을 했다. 그러면 임 팀장님은 "좋은 의견들 이네. 그럼 그 말이 맞는지 확인해봐."라고 대화를 이어갔다.

임 팀장님의 과제를 받은 팀원들은 각자의 방법으로 가설을 검증하기 위해 접근했다. 업계 전문가의 자료를 찾아보는 사람도 있고, 대상 기업 담당자를 만나 직접 인터뷰하기도 했다. 그런 과정에서 처음에 제시했던 가설이 맞는 경우도 있고, 그것과는 사뭇 다른 결과가 나오는 경우도 있 다. 여기서 주목할 점은, 그런 방법을 사용하면 처음 가설을 검증해야 한 다는 매우 명확한 목표가 생겨서 벤치마킹에 쏟는 시간과 노력이 매우 효율적으로 운영된다는 것이다.

나 역시 업계의 선두 기업들을 배워야 할 입장이 되면, 우리 직원들과 모여 다양한 가설을 세우는 것부터 시작한다. "대형 기획사들은 어떻게 미래의 아티스트들을 확보하지?" "코로나 이후 시대에 그들은 어떤 전략 을 세울까?" 이런 질문을 던지면 직원들은 이미 상당한 지식을 내어놓는 다. 어떤 부분에서는 구태여 벤치마킹 대상을 조사할 필요가 없을 정도 다. 그런 대화를 한참 나눈 후에는 몇 가지 중요 사항을 정리한다. 대형 기획사들의 스카우트 프로그램, 아티스트 양성 프로그램, 메타버스 등 플랫폼 전략……. 그러고는 그 부분에 대해 우리가 던진 가설들이 맞는지 확인하자고 한다.

대표로서 직원들의 시간 하나하나도 허투루 볼 수가 없다. 그들의 귀한 시간을 최대한 가치 있게 쓰기 위해서 벤치마킹 하나도 막연히 "H사를 알아보자." 하는 식으로 접근해서는 안 된다는 것을 많이 느끼고 있다.

전문가의 머리를 빌려온다
▪ Consulting

컨설트 ^{Consult} 라는 영어는 '조언을 청하다', '참고하다', '상담하다' 라는 뜻이다. 말 그대로 컨설팅 ^{Consulting} 은 전문가에게 조언을 구하는 일을 의미한다.

우리 국민에게 '컨설팅'이라는 용어가 각인된 것은 IMF 시기 이후다. 수십 년간 한강의 기적을 만들어온 한국식 경영 방식이 공식적인 사망 선고를 받은 시기였고, 그땐 합리적인 서구 글로벌 기업의 방식이 정답으로 제시되던 때였다. 그런 글로벌 기업의 경영 방식을 적극적으로 국내에 이식한 주인공들이 바로 글로벌 경영 컨설팅 기업이었다. 이후 우리 기업들도 뼈를 깎는 노력으로 세계적 수준으로 성장하며 그 과정에서 전문성을 키운 국내 기업 출신들이 각 분야의 컨설턴트로 활약하게 된다.

경영 전반에서 경영자의 의사 결정에 조언을 제공하는 경영 고문과 유사하면서도, 특정 프로젝트나 부서 기능에 집중하여 전문가적 분석과 솔루션을 제공한다는 것이 컨설팅만의 차별점이다. 내부적으로 아무리 추진해도 활로가 보이지 않는 경우, 기존의 사업과 경험과는 수준이 다른 새로운 전략이나 프로젝트를 추진하려는 경우, 특정 분야나 사업에 업계 최고 수준의 분석과 전략이 필요한 경우 기획자들은 외부 컨설팅을 이용할 수 있다.

핵심성과지표가 빠진 컨설팅은 공허하다

외부 전문가의 컨설팅을 받아 우리의 목표를 달성하기 위해 중요한 것은 우선 그 달성하고자 하는 목표를 명확하게 정의하는 일 또는 해결하고자 하는 문제를 정의하는 일이다.

컨설턴트 입장에서 가장 곤혹스러운 상황 중 하나가 고객이 무엇을 원하는지 고객 스스로 불명확한 경우다. 이는 생각보다 자주 발생한다. 특히 외부 컨설팅에 대한 니즈가 경영자로부터 발생한 경우, 그것을 진행하는 담당자로서는 경영자가 갖고 있는 문제의 본질, 업무의 범위, 느끼는 심각성에 대한 파악이 제대로 안 되어 있을 수 있다. 그런 상황에 처한 담당자는 외부 컨설턴트에게 프로젝트의 정확한 목적과 목표를 제시할 수 없다. 물론 그러한 고객의 상황을 정확히 파악하는 것도 컨설턴트의 역량이다. 그러나 목적과 목표 설정부터 허점을 보이는 담당자들을 외부 컨설턴트는 신뢰하지 않으며 쉬운 상대로 인식할 수도 있다.

따라서 외부 컨설팅을 진행하는 담당자들은 프로젝트의 수준을 판단할 수 있는 기준을 갖고 있어야 한다. 사실 경영자가 만족하면 그 프로젝트는 성공한 것으로 인식하는 경우가 많다. 그것은 진정한 실력이 아니다. 외부 컨설팅의 수준은 그것을 평가하는 내부 담당자들의 안목을 결코 넘어설 수 없다.

여기서 등장하는 것이 KPI^{Key Performance Index} 이다. '핵심성과지표'로 번역되는 이 개념은 특정 프로젝트의 성과를 객관적으로 평가하는 기준이다. '핵심'이란 그 지표가 곧 프로젝트가 해결하고자 하는 본질적 문제를 나타낼 수 있는 지표여야 한다는 의미, 그리고 '지표'란 업무의 결과에 대해 누구나 동의할 수 있는 객관적인 자료와 수치로 표현해야 한다는 의미다. KPI는 외부 컨설턴트의 역량을 한 방향으로 집중시키는 효과 외에도, 회사 내부에서 경영자나 타 부서들과의 커뮤니케이션을 위해 반드시 필요한 개념이다. 현실에서는 컨설턴트가 KPI를 제안하기도 한다. 그러나 KPI를 제대로 선택하고 그 수준을 결정하는 것이 컨설팅을 진행하는 내부 담당자의 가장 중요한 역량이다.

최근에는 OKR^{Objective Key Result} 에 관심이 커지고 있다. OKR의 O(목표)가 뜻하듯이 OKR은 KPI에 비해 회사가 나아가야 할 방향과 목적에 더 큰 의미를 둔다. KPI가 보여주는 지표들이 회사의 현재 상황을 정확하게 알려주는 기능을 하는 데 비해, OKR은 회사의 미션과 목적에서 발생하는 도전적인 과제, 그래서 회사 구성원들이 궁극적으로 지향해야 하는 방향을 알려준다.

KPI든 OKR이든, 컨설턴트를 활용하는 기획자들에게 시사하는 바는 같다. 회사가 갈 방향을 알고, 현재의 위치를 알고, 컨설팅을 통해 실현하고자 하는 목표 지점을 정확히 인지하고 있어야 비싼 돈을 들이는 컨설팅을 제대로 받을 수 있다는 점이다.

당연한 얘기 같지만, 외부 컨설팅을 제대로 진행하기 위해서는 내부 담당자들과 외부 컨설턴트 간의 역할 분담이 명확해야 한다. 컨설팅 업무는 현재 상태 분석, 목표 수준 설정, 목표 달성을 위한 전략 및 솔루션 제공으로 구성된다. 그중에 현재 상태 분석을 위해서는 내부 담당자들의 역할이 핵심적이다. 아무리 컨설팅 전문가라 하더라도 내부 인력들만 알고 있는 조직의 내부 사정과 역사에 접근하는 데 한계가 있기 때문이다. 이에 반해 외부 전문가들은 객관적인 문제해결력, 일반적 모범 사례 등에 전문성이 있다. 컨설팅을 성공시키기 위해서는 이러한 내부와 외부의 역할을 조합하는 것이 필수다.

진정한 시작은 컨설팅 종료 이후

컨설팅 무용론도 있다. 이런 주장을 하는 사람들은 컨설팅에 대해서 회사 사정을 제대로 모르는 외부 인력이 들어와 뜬구름 잡는 얘기만 하다 간다고 폄훼하기도 한다. 이런 인식이 생기게 된 데에는 아마 다양한 원인과 사례가 있을 것이다. 분명한 점은 컨설팅과 실행을 분리해 생각해야 한다는 것이다.

컨설팅은 외부 전문가의 시선에서 전략과 솔루션을 제공해주는 것이 최종 목표다. 원칙적으로 컨설팅의 업무에 실행은 포함되지 않는다는 말이다. 외부 컨설턴트가 제시한 전략과 솔루션을 실행하는 책임은 조직 내부 인력의 몫이다.

컨설팅을 받는 과정에서 내부 담당자들은 컨설팅 이후의 실행을 고민해야 한다. 실행을 담당할 조직과 인력은 누구인지 정해야 하고, 그들이 그만한 역량이 있는지 객관적으로 판단해야 한다. 이 지점에서 내부 인력의 진짜 문제가 생긴다. 아무리 경영자가 만족하면서 컨설팅 프로젝트를 끝냈다고 할지라도, 내부 인력은 일단 업무가 추가되는 부담감에 부정적 입장을 취하는 경우가 많다. 업무와 책임의 추가를 바로 반겨줄 사람은 거의 없다. 혹시나 경영자의 취지에 따라 실행 업무를 분배했다고 해도, 그 업무를 맡은 조직과 인력이 성공적으로 수행할 수 있느냐 문제는 별개다. 하고자 해도 할 능력이 안 될 수도 있다는 말이다.

그런 의미에서 컨설팅의 결과로 제시된 과제를 수행할 내부 역량을 확보하는 것은 컨설팅 자체만큼이나 중요한 과제가 된다. 이를 위하여 컨설팅에 참여한 담당자들이 그 과정에서 역량을 습득할 수도 있고, 필요한 교육이나 훈련을 별도로 받을 수도 있다. 그 밖에도 역량을 지닌 외부 전문가를 신규로 영입할 수 있다. 때로는 컨설팅 업무를 진행한 컨설턴트를 내부 인력으로 채용하는 경우도 발생한다.

컨설팅 결과를 보고하는 자리에서 경영자가 만족했다고 안심해서는 결코 안 된다. 몇 달 후 그 경영자는 컨설팅까지 받았으니 성과가 있으리라 기대하게 되는데, 그 기대를 미리 준비하지 않으면 그 책임까지 내부 담당자들이 져야 할 가능성이 크다.

결국 컨설팅은 이를 수행하는 외부 전문가만큼이나 내부 담당자들의 역량과 책임이 매우 중요한 요소라 할 수 있다.

후회 없는 컨설팅을 받는 방법

대기업에 있을 때 몇 번 유명한 컨설팅 회사의 컨설턴트들과 같이 작업하는 경험을 했다. 중국이나 인도 같은 거대하고 중요한 시장에 진출한다거나, 신재생 에너지 같은 새로운 사업을 진행해야 할 때, 사업의 타당성이나 중요한 전략 수립을 위해 회사 차원에서 외부 컨설팅의 도움을 받고는 했다.

그때 컨설턴트들이 내놓은 솔루션에 대해서, 나와 동료들의 평가는 사실 그리 좋지 않았다. 담당자들이 미리 고민했고 경험해봤던 일들을 장황한 논리에 얹어 표현한 것뿐이라고 생각했었다. 그런데 지금 생각해보면, 그것은 컨설턴트의 잘못이 아니라, 그 컨설팅을 받기 위한 우리의 절박함과 사전 준비가 모자랐던 것은 아닌가 하는 반성이 든다.

내가 컨설팅을 다른 눈으로 바라보게 된 계기는 조광일을 영입한 당시 파일럿 프로젝트를 내놓으며 음반 전문가들의 컨설팅을 받을 때였다. 그때의 경험을 한마디로 정의하자면 이렇다. "컨설팅의 가치는 컨설팅을 받기 전 내가 흘린 땀과 고민의 양에 달렸다."

중심은 나의 전략을 검증하고 보완해주는 일

당시 나의 가장 큰 고민은 과연 폭발적인 조광일과 안정적인 쿤타의 조합이 대중에게 매력적일 것인가 하는 문제였다. 회사의 음악적 방향은 스컬의 실력에 대부분 의존하는 구조였으나, 이런 중차대한 문제에는 스컬 역시 다른 전문가들의 의견을 듣길 원했다.

어쩌면 가볍게 만들 수도 있었던 조광일의 프로젝트 앨범이지만, 여러 전문가의 컨설팅을 받으면서 확실히 생각지도 못했던 발전을 꾀할 수 있었다. 조광일과 쿤타, 그리고 BG의 개성을 살리면서도 세 명이 조화할 수 있는 곡을 선정하고, 편곡의 콘셉트를 잡는 것부터 뮤직비디오의 콘셉트와 분위기, 영상미를 결정하는 것까지 각 분야 전문가들의 의견이 쌓였다. 최종적으로는 온라인 마케팅 전문가들의 컨설팅을 받아, 프로젝트 작품을 출시하고 마니아층과 일반 대중을 상대로 홍보하는 전략까지 세울 수 있었다.

분명한 점은 이렇다. 컨설턴트들을 만나기 전 나와 스컬은 수많은 고민과 토론을 통해 우리가 반드시 해결해야만 했던 문제들을 분명히 알고 있었다. 이를 전제로 외부 전문가에게 명확한 전달을 했을 때 그들은 가장 효과적으로 컨설팅을 해주었다. 전문가들을 만나면 제일 먼저 "사자레코드에서 조광일이랑 쿤타를 합쳐서 하려고 하는 것이 명확하게 뭐죠?"라고 물어보기 일쑤였다. 그들에게도 다소 낯선 조합에 대해 그들이 먼저 처음부터 깊이 있는 의견을 제시하지는 못했다. 내가 고민했던 문제들을 명확히 얘기해주면, 그때 비로소 그들의 전문성이 드러나는 컨설팅을 받을 수 있었다.

숙련자의 손발을 빌려온다

▪ Out Sourcing

인사, 재무 등 지원 업무를 대행해주는 외부 업체는 매우 많다. 흔히 연말정산이나 마감 등 과도한 업무가 발생할 때 외부 전문 업체의 도움을 받는다. 특히 고객상담$^{Customer\ Service}$, IT 개발 분야는 아웃소싱을 가장 큰 규모로 활용하는 분야다.

이런 분야의 특징은 무엇일까? 일시적으로 업무량이 과도하게 몰린다는 것이다. 해당 업무가 발생하는 시점을 기준으로 인력을 채용하면 업무가 없는 시기에는 담당자들의 활용도가 낮아진다. 고객상담 업무의 경우 담당자들의 채용과 퇴직이 잦고 교육이 지속되어야 하는 특성도 있다. 이럴 경우 보통의 기업들은 이를 맡아서 감당해줄 적당한 인력이 없다.

이런 특징이 가장 극적으로 나타난 것이 2010년대 중반 이후 대두한 긱이코노미$^{Gig\ Economy}$이다. '긱'이란 1920년대 미국 재즈 공연장 주변에서 연주자가 공연이 있을 때마다 단기 계약을 맺고 일했던 방식을 말한다. 이것이 SNS 기술을 통해, 기업이 근로자를 고용하지 않고 필요할 때마다 근로자와 계약하여 일을 맡기는 고용 형태로 발전했다. 차량공유업체들의 운전기사, 전자상거래업체나 배달업체들의 배송원 등의 근무가 이런 식으로 이루어진다.

사실 사람을 채용하기란 매우 쉽지 않은 일이다. 비용 측면만 봐도 직원에게 직접 지급하는 급여 외 연금, 의료보험 같은 법적 비용, 사무 공간 및 복지 시설 같은 부대 비용이 상당히 발생한다. 앞서 언급한 비수기 유휴 인력에 대한 관리는 더 어려운 문제가 될 수 있다. 그뿐 아니라 새로운 인력을 교육시키거나 다양한 인력이 함께 일해야 하다 보니, 그 속에서 생기는 갈등도 결코 녹록지 않은 일이다.

반면에 구직하는 입장에서도 한 조직에 매이고 싶어하지 않는 경향이 있다. 개인 입장에서 조직은 지나치게 개인의 자유를 간섭하거나 불합리한 요구를 한다고 보일 수도 있다. 이처럼 더 자유롭고 유연한 근무 형태를 원하는 개인이 늘고 있다.

이렇게 조직과 개인의 니즈가 연결되다 보니 아웃소싱이나 긱 노동자를 활용할 수 있는 서비스가 늘어나고, 그럼으로써 기업과 개인이 더 많이 사용하게 된다.

20세기가 기업과 개인에게 주어진 업무를 경쟁자보다 더 잘 수행하는 Know How가 중요한 시기였다면, 21세기는 업무를 해줄 자원과 인력을 찾아 효율적으로 활용할 수 있는 Know Where와 Know Who의 시대라는 표현이 점점 더 공감을 얻을 것이다.

Know Where와 Know Who의 시대로

옛말에 "앓느니 죽지."라는 표현이 있다. 수고를 아끼려고 다른 사람에게 일을 시켰다가 시원찮게 하는 걸 보느니, 당장에 힘들더라도 자기가 직접 일을 하는 것이 낫나는 뜻이다. 한마디로 남에게 일을 시키는 것이 결코 쉽지 않다는 말이다. 이는 회사 차원에서 선택하는 아웃소싱에도 적용된다. 문제를 해결하기 위한 전략으로 선택한 아웃소싱 때문에 생각지도 못한 문제를 불러들일 수도 있기 때문이다.

그렇다면 아웃소싱을 잘하기 위한 조건은 무엇일까? 무엇보다 최종 결과물에 대한 명확한 정의와 범위가 있어야 한다. 예를 들어, 외부 업체를 통해 IT 프로그램을 개발했다고 하자. 개발 후 발생하는 에러를 어디까지 누가 책임을 져야 하는지 정해야 한다. 업무를 요청하는 쪽에서는 자연히 더 많은 범위를 해주길 원하고, 업무를 요청받은 입장에서는 당연히 더 적은 범위로 일하고 싶어한다. 이러한 의견 충돌이 사전에 조율되지 않으면 어느 순간 큰 갈등의 원인이 된다.

더 나아가 아웃소싱의 경우 업무 진행에서 발생할 사고, 사건, 불량에 대한 책임 소재가 분명해야 한다. 기업 활동에서 원하지 않았던 사고와 불량은 언제든지 발생할 수 있다. 그런 일을 대비해 책임 소재가 사전에 정해져 있지 않거나, 그런 일을 처리하는 절차가 마련되어 있지 않으면 양측에서 서로 책임을 회피하는 데 급급한 경우가 많다.

아웃소싱을 활용하는 기업 입장에서는 서비스를 제공하는 상대방을 중요한 파트너로서 받아들이는 열린 자세를 취할 필요가 있다. 지나친 갑을 관계로 인해 파트너들과 좋은 관계를 유지하지 못하면 고객으로부터 윤리적으로 비난받을 위험이 발생할 뿐 아니라, 결정적 순간에 경쟁력을 잃게 되는 경우가 있다. 물류기사, 배송기사와의 관계 설정에 실패한 경우 명절 같은 결정적 순간에 기업의 활동이 전면 마비될 수도 있음을 우리는 익히 알고 있다.

외부 도움을 확실하게 활용하는 기술

대기업에 있을 땐 수많은 지원 부서와 해외 네트워크의 도움을 받는 것을 당연히 여겼다. 나 스스로 사업을 시작한 뒤에 그런 것들이 얼마나 강력한 인프라였는지 뼈저리게 느낄 때가 많았다.

그런데 세상이 많이 바뀌는 듯하다. 예전에는 대기업의 지원 조직에만 있었던 인사, 재무, 회계 서비스를 월 단위 계약으로 서비스해주는 기업이 많이 생겼다. IT 기술의 발달로 그런 서비스를 제공하는 애플리케이션도 많아졌다. 실제 시장에는 수많은 비즈니스 서비스업체가 있다. 이들을 잘 이용하면 기획자나 사업가에게 큰 도움이 될 것이다.

나 역시 온라인 마케팅이나 영상 제작 같은 분야는 외부 전문 업체들과 함께 일하는 경우가 많다. 그러다 보니 몇 가지 중요한 요령을 터득하게 되었다.

① 믿을 수 있는 파트너 찾기

어떤 분야든 외부 용역 서비스를 이용할 때 가장 중요한 것은 우수한 파트너를 찾는 일이다. 가능한 한 모든 네트워크를 활용해 우수한 업체를 소개받거나, 제안을 해오는 업체들의 과거 실적을 면밀히 검토해서 우리 사업과 연관성이 가장 높은 곳을 찾는 것이 바람직하다. 나는 용역 업체와 계약하기 전 그들의 사무실을 반드시 방문하는 원칙이 있다. 과거 종합상사 시절에도 거래선을 처음 틀 때는 그곳 현장을 방문하는 것이 필수 절차였다. 그렇게 상대방이 직접 일하는 현장을 찾아서, 실제 규모나 기존 용역 실적 등을 눈으로 확인하는 것이 만족스러운 결과로 이어졌다.

② R&R(서로의 역할과 책임)을 문서로 정의하기

외부 업체와 함께 일할 때는 대부분 계약서를 작성하고 진행한다. 계약서상에는 용역 대금은 물론 용역 서비스의 내용이 반드시 들어가게 되어 있다. 그런데 그 용역 서비스의 내용에 책임이 구체적으로 밝혀져 있지 않으면, 계약 당사자인 양자는 서로에게 유리한 쪽으로 해석하게 된다.

외부 업체에 기대하는 일정, 용역 서비스의 완성도 수준, 중간보고의 형태와 횟수 등은 반드시 문서로 명확하게 밝혀야 한다. 초기에 좀 불편하거나 귀찮다고 이런 것들을 소홀히 하게 되면 반드시 뒤에 더 큰 문제와 갈등이 생긴다. 처음 계약 때 용역 서비스 업체에 많은 것을 요구했다가 실제 업무에서는 그보다 약간 덜 요구하게 되는 것이, 처음에 조금 요구했다가 점점 더 많은 것을 요구하게 되는 것보다 백배는 더 좋은 계약이다. 한번 계약이 된 다음에 추가로 업무를 요청하면, 이는 용역 서비스를 이용하는 우리 측이 불리한 입장에 서게 되는 상황을 초래한다.

한마디로, 외부 업체와 계약할 때는 처음에 충분하고 분명하게 요구해야 한다는 것을 잊으면 안 된다.

③ 수정 보완 요청의 권한 포함하기

특정 제품을 구매하는 경우에는 하자나 불량이 눈에 띄기 쉽다. 반면에 용역 서비스를 계약해 이용하는 경우에는 서비스의 품질을 판단하는 기준이 명확하지 않을 때가 있다. 특히 처음 이용하는 입장에서는 그 서비스가 좋은지 나쁜지 판단할 수 있는 과거 경험이 없어서 기준을 못 세울 경우가 많다.

용역 서비스의 기준을 사전적으로 최대한 명확하게 규정할 수 있다면 가장 좋겠지만, 그렇지 않은 경우를 대비해서 사후 수정 보완 요청의 권한을 계약에 포함시킬 필요가 있다. 그렇게 해서 동일한 용역 서비스를 몇 차례 이용하면 그 서비스에 대한 판단의 기준이 서게 될 것이다.

먼저 작게 시작해본다

▪ Pilot Test

'파일럿 pilot'이란 단어는 원래 항구에서 배를 인도하는 도선사를 의미한다. 거대한 배가 안전하게 정박할 수 있도록 앞에서 이끌어주는 역할을 하는 사람인 도선사의 모습을 상상해보라. 그러면 큰 규모의 투자나 사업을 시행하기 앞서 작은 규모로 시험해보는 '파일럿테스트 Pilot Test'가 어떤 일인지 바로 연상될 것이다.

새로운 프로젝트의 고객 반응을 알아보기 위해서든, 숨어 있는 리스크를 찾아내기 위해서든 현장에서 파일럿테스트는 매우 유용한 전략적 툴이다. 미래에 대한 불확실성 때문에 막혀 있는 기획으로 힘들어하는 기획자들에게 유효한 선택이 될 것이다.

사업을 테스트할 수 있는 실험실

●

●　　　　우리의 현장은 실험실이 아니다. 그래서 다양한 변수와 리스크를 실험할 수가 없다. 애초부터 모든 변수와 리스크를 다 파악할 수도 없고, 그러자면 엄청난 시간과 비용이 발생할 것이다. 그런데 경영 현장에서는 남보다 먼저 제품과 시장을 선점해야 하는 경쟁이 심각하고 경영자들은 어떤 제도의 결과를 빨리 확인하길 원한다는 점이 문제를 초래한다.

그런 면에서 어떤 사업이나 제도를 전격적으로 시행하기에 앞서, 제한된 그룹을 대상으로 소규모로 사전에 적용해보는 파일럿테스트는 우리 현장에서 사용할 수 있는 실험실이라 하겠다. 신제품을 전격적으로 출시하기에 앞서, 소집단에 먼저 소개하여 반응을 살펴보는 것, 새로운 제도를 회사 또는 조직 전체에 적용하기에 앞서 특정 부서나 그룹에 먼저 적용해보는 것이 그 예라고 하겠다. 특히 국가처럼 대규모로 적용해야 하는 제도가 있을 때 시범적용의 기간이나 대상을 운영하는 경우를 흔히 볼 수 있다.

이런 파일럿테스트는 어떤 상품이나 제도를 본격적으로 내놓기 전에 작은 규모로 운영해봄으로써 운영을 위한 역량을 준비할 기회를 주는 순기능이 있다. 처음 출시되는 제품을 판매하거나 새로운 제도를 적용할 때는 그 담당자들이 충분하게 준비되어 있지 않은 경우가 발생한다. 그러면 의도한 목적을 달성하기는커녕 더 많은 혼란을 만들어내거나, 회사 이미지를 손상할 우려가 생긴다. 그런 면에서 파일럿테스트를 거치며 내부 인력의 운영 역량을 강화하고 훈련시키는 효과를 꾀할 수 있다.

더 근본적으로는 파일럿테스트를 통해 새로운 사업과 제도의 시행 가부를 결정할 수 있다. 새로이 대규모 투자가 필요한 사업이나 제도의 경우, 그것이 본격 시행되면 돌이킬 수 없는 경우가 많다. 기대했던 수요가 발생하지 않을 수도 있고, 생각했던 것 이상의 비용이 발생하기도 한다. 그래서 비교적 적은 비용과 시간을 들여 파일럿테스트를 함으로써, 예상했던 고객의 반응이 발생하고 실제 수요가 생기는지 확인한 후 본격적인 투자를 확정하는 경우가 많다. 몇 년 전 쿠팡이 대만과 일본 시장 진출을 위해 처음에는 두 곳 모두에서 소규모로 식료품 배송 업무를 하는 파일럿테스트를 진행하다가, 수요가 확인된 대만에는 대규모 물류센터 투자를 진행하고 그렇지 않은 일본에서는 사업 철수를 결정했다. 이것이 파일럿테스트를 활용한 의사 결정의 대표적 예라고 하겠다.

현장의 기획 담당자들에게 파일럿테스트는 매우 유용한 해결책이 되기도 한다. 조직에서 무엇인가를 기획할 때 반대하는 그룹과 개인이 생각보다 많다. 담당자로서는 경영자나 상사의 지시를 받아 기획을 하는데, 반대편에 있는 개인들이 반대하는 입장인 경우가 많다는 뜻이다. 그런 경우 기획을 지시한 사람은 빨리 진행할 것을 요구하고 반대편에서는 전혀 협조하지 않는 상황에 빠질 수 있다. 이때 기획 담당자가 빠져나올 수 있는 길이 파일럿테스트다. 새로운 기획에 반대하는 사람들도, 소규모 실험을 통해 그들이 제기했던 우려가 실제로 발생하는지 검증하자는 의견에는 반대의 명분이 줄어들 수밖에 없기 때문이다.

검증과 계획을 잘하기 위해서

파일럿테스트를 제대로 하려면 우선 그 범위와 기간을 정해야 한다. 파일럿테스트의 범위가 비교적 좁고 기간이 짧아야 기획을 효율적으로 진행할 수 있다. 그러나 의사 결정을 위한 충분한 자료를 얻기 위해서는 파일럿테스트의 범위가 넓고 기간이 충분해야 한다. 그 접점에 대한 논리적 합의가 필요하다.

조직 전체가 몇 개의 세부 조직으로 구성된 경우 그 독립적인 조직을 파일럿테스트의 범위로 삼는 게 좋다. 전국적인 제도를 시행하기에 앞서 몇몇 지방자치 단위에서 파일럿테스트를 한다든지, 회사 전체에 제도를 적용하기 전 특정 부서에 적용해본다든지 하는 것이 그 예다. 파일럿테스트 기간 역시 조직의 활동이 구분되는 단위로 끊는 편이 좋다. 조직에서는 주, 월, 분기, 반기, 년 등의 단위로 해당 기간의 활동을 정리하는 관례가 있다. 파일럿테스트를 할 때도 이러한 주기를 활용하면 사람들에게 좀 더 익숙하게 느껴질 것이다.

이에 못지않게 중요한 점은 실험을 통해 확인하고자 하는 측정 요소를 분명히 하고, 의사 결정을 하기 위한 기준을 명확하게 정하는 것이다. 어떤 것을 지속적으로 모니터링해야 하고, 모니터링한 결과가 어느 수준이면 의사 결정을 할지에 대해 분명한 선이 있어야 한다는 말이다. 그렇지 않으면, 파일럿테스트를 한 다음 그 결과에 대해서 새롭게 해석하고 의사 결정을 해야 하는 상황이 발생한다. 최악의 경우 파일럿테스트를 하기 이

전의 상황과 별 차이가 없을 수도 있다.

마지막으로 파일럿테스트를 통해 발견한 리스크나 레슨포인트는 명확히 분석하고 추적해야 한다. 한 조직에서 파일럿테스트는 대규모 결정을 하기 위한 판단의 근거를 확인할 수 있는 소중한 기회다. '테스트'라는 표현에 어쩌면 만만하게 볼 수 있는데, 파일럿테스트 자체가 상당한 비용과 시간을 요하는 경우가 많다. 어렵게 진행한 테스트를 통해 얻은 귀한 자료를 제대로 활용하지 못한다면, 그에 따른 책임은 비례해 더 커질 것임을 기억해야 한다.

파일럿테스트의 효과적인 순서

엔터테인먼트업계를 포함한 모든 산업에서 변화의 속도가 너무 빠르다. 그래서 어떤 사업을 기획할 때 완벽하게 준비해서 신중하게 접근하다 보면 이미 시장의 기회를 놓치게 된다. 오히려 완벽하지 않은 상태라도 신속히 직접 고객에게 제품과 서비스를 내놓은 뒤 현장 반응을 얻어 개선해 나가는 과정을 거치는 것이 좋다.

이러한 파일럿테스트는 대기업이든 스타트업이든 경영에 적용하는 사례가 늘어나고 있다. 우리 회사도 조광일과 쿤타의 파일럿 프로젝트를 통해 대중이 그들의 조합을 어떻게 받아들일지에 대한 검증을 했었다.

기획자와 사업가들은 파일럿테스트로 직접 고객과 만나는 전략을 고민할 경우가 늘어날 텐데, 그 순서를 공유해보는 것도 의미가 있을 듯하다.

① 계획

파일럿테스트의 목적과 범위를 정하고, 테스트를 진행할 집단을 선정하고, 어떤 항목을 중점적으로 판단할지를 정해야 한다. 우리의 경우, 조광일과 쿤타의 컬래버레이션 작업이 지닌 가능성을 검증하기 위해서 기존 마니아층, 일반 대중, 음악 전문가 집단을 모두 살펴보았다.

② 실행

규모는 작더라도 실제 비즈니스 환경과 최대한 동일하게 파일럿테스트를 진행하는 것이 바람직하다. 사자레코드는 몽골의 국제적인 아티스트인 BG와 함께 그의 대표곡을 리믹스하여 조광일, 쿤타가 함께 공연하는 것을 기획했고, 그 공연을 뮤직비디오로 창작해 마니아층과 일반 대중, 음악 전문가 집단에 각각 공개했다. 이 단계는 비록 범위는 좁았지만, 모든 과정이 실제 음반 작업 및 마케팅 작업과 동일하게 진행되었다.

③ 모니터링

파일럿테스트에서 가장 중요한 단계는 모니터링이다. 기획, 편곡, 연습, 공연, 촬영, 편집, 홍보 등 모든 단계에서 업무의 흐름을 세밀하게 살핌으로써 혹시 예상하지 못한 문제는 없는지 확인했다. (예를 들면, 하나의 곡에 각 아티스트가 표현하고 싶은 방향이 다른 경우 어떻게 해결할 것인지에 대한 사전 약속이 필요하다.) 특히 음반 전문가와 팬들의 반응이 가장 중요한 관찰 대상이었다. 조회수나 댓글뿐 아니라 필요한 경우 일부 팬들을 직접 만나서 그들의 반응을 취합하는 과정도 거쳤다.

④ 해석과 판단

파일럿테스트를 시작하는 단계에서 이미 어떤 조건이 충족되면 성공으로 판단하자는 기준은 있었지만, 실제 테스트를 진행하는 과정에서 예기치 못한 반응이 나올 경우 어떻게 해석할지를 고민하기도 했다. 그러나 이 테스트를 통해 우리가 확인하고자 했던, 조광일과 쿤타의 컬래버레이션에 대한 대중과 전문가의 반응은 분명히 확인했다.

최악을 대비하며 전진한다

- Risk Management

예상되는 리스크를 미리 감지할 수 있는 능력이 있다면 회사나 팀에 닥칠 큰 피해를 사전에 막을 수 있을 것이다. 극단적인 경우, 예상되는 리스크로 인해 기획했던 프로젝트나 사업을 중단하고 취소하기도 한다. 그러나 현실에서는 프로젝트 중단과 취소는 우리의 선택이 될 수 없는 경우가 더 많다. 리스크를 무릅쓰고 우리의 목표를 달성하기 위해 진행해야 하는 상황에 놓이기 일쑤다.

그때 우리는 예상된 리스크에 어떻게 대처할지 대책을 세워야 한다. 눈앞에 보이는 함정을 향해 아무 대책 없이 나아가는 것은 무모하기 이를 데 없다.

우리가 할 수 있는 선택은 어떤 것이 있을까? 미리 말하지만, 리스크를 관리하는 여러 방법이 있다고 할 때, 우리는 단 한 가지만 선택하는 것은 아니다. 우리가 할 수 있는 모든 방법을 채택해 리스크를 뚫고 목표를 달성해야 하는 책임이 있기 때문이다.

Prevention: 사전에 방지한다

사전에 리스크가 감지되었을 때 가장 좋은 방법은 리스크가 현실화되지 않도록 조치하는 것이다. 중요한 프로젝트를 진행하는 데 있어서 그것을 담당한 전문가의 이탈이나 퇴직만큼 곤란한 리스크가 별로 없다. 이를 방지하려면 그 전문가를 세심하게 관리해야 한다. 업무 프로세스상 장애물의 여부뿐 아니라 전문가의 정신적·신체적 건강, 함께 일하는 동료와의 관계, 배우자나 자녀의 문제 등을 세심하게 살필 필요가 있다. 전문가 한 사람을 유지하기 위해 신경 써야 할 것들은 끝이 없다. 중요한 행사를 앞두고 장소나 핵심 인물들의 섭외에 실패하지 않도록 미리미리 스케줄 관리를 해야 하는 것도 기본이다.

리스크가 발생한 다음에 조치하는 것보다, 발생하지 않도록 사전에 준비하는 것이 가장 현명하고 효율적이라는 데 이의를 제기할 사람은 없다. 그렇다면 리스크를 사전에 방지하기 위해서는 어떻게 해야 할까?

만약 당신에게 무한한 자원과 인력이 있다면, 프로젝트의 모든 과정과 변수에 충분한 인력과 자원을 투입해서 리스크를 방지할 수 있다. 그러나 그것은 가능하지도 않고, 설령 가능하다 할지라도 심한 비효율을 초래한다. 현실에서 당신이 활용할 수 있는 자원과 인력은 유한하다. 유한한 자원을 효율적으로 분배해야 리스크가 발생했을 때 피해가 큰 부분부터 추가적으로 배치할 수 있다. 만리장성을 수비하기 위해 1m 간격으로 수만 명의 보초병을 세우는 것이 아니라, 주요한 구간에 초소를 설치하여 그

초소를 중심으로 수비하는 것이 더욱 효율적인 것과 같은 원리다.

리스크가 집중적으로 발생하는 지점, 한번 발생하면 피해가 큰 지점을 Key Management Point, 즉 중점관리지점이나 핵심관리지점이라고 부르기도 한다. 이 핵심관리지점을 효율적으로 관리하는 것이 리스크를 사전에 예방하는 전략이다.

팀의 업력이 쌓이고 개인의 경력이 축적되면서 반복되는 업무에 대해서는 경험적으로 핵심관리지점을 알게 된다. 명확하게 문서화되든가 공식적인 프로세스나 매뉴얼로 정리되지 않더라도 반복되는 경험을 통해서, 주의를 기울여야 하는 지점을 몸으로 알게 된다. 이런 것이 많이 쌓인 사람을 흔히 '경력자'라 부르며, 요즘 말로 '고인물'이라고도 한다.

그러나 물이 고이면 썩듯이 경험에만 의지해서 리스크를 관리하다가는 큰 낭패를 볼 수가 있다. 우선 동일하게 반복되는 상황으로 보이더라도 우리의 일은 항상 변하고 있다. 작은 변화는 무시하고 일을 진행해도 큰 이상이 없을 수 있다. 그런 경험이 반복되면, 변화에 둔감해지고 기존의 방식에 안주하게 된다. 우리는 그런 상태를 '매너리즘'이라고 부른다. 그런데 작은 변화가 쌓여 결정적인 변곡점을 넘어가는 순간이라든지 예상치 못했던 큰 변화가 갑자기 발생하는 경우, 기존의 방식으로 리스크를 관리하던 사람은 실패하게 된다.

업무를 효율적으로 하기 위해 중요한 핵심관리지점에 집중하라고 했다가, 거기에만 너무 의존하면 '매너리즘'에 빠지고 리스크 관리에 실패한다고 하면 어디서 균형을 잡아야 하는가? 중요한 점은 핵심관리지점에 효율적으로 자원과 인력을 투입하되, 그 핵심관리지점이 유효한지에 대해서는 항상 비판적으로 점검해야 한다는 것이다. 그러기 위해서는 관습적으로 핵심관리지점을 인지하고 관리 프로세스를 따르기만 해서는 안 된다. 핵심관리지점이 존재하는 근본적인 이유를 파악하고, 그 이유가 바뀔 때 새로운 관리지점을 설정할 수 있는 능력이 있어야 한다.

Insurance: 피해를 줄인다

리스크 예방을 위해 아무리 노력한다 할지라도 우리 현장에서 리스크를 100% 방지할 수는 없다. 화재 예방을 잘해도 화재가 발생할 수 있고, 핵심인력 관리를 잘해도 퇴직자는 발생하게 마련이다.

그래서 리스크가 발생할 때 회사 전체와 프로젝트에 큰 피해를 끼치게 될 것들에 대해서는 피해를 최소화할 조치를 취한다. 이것이 Insurance, 즉 보험의 역할이다. 화재보험이나 사고보험이 가장 대표적인 예다. 핵심인력의 이탈에 대비해서 계약서상에 퇴직 후 경쟁사나 동종업계 취업을 금지하는 조항을 넣는 것은 리스크 예방이자 리스크 보험이다.

보험을 활용하기 위해서는 보험료라는 비용이 발생한다. 화재보험이나 사고보험에는 직접적인 금액이 발생한다. 동종업계 취업 금지와 같은 보험에는 처음에 상대방이 고용계약을 망설이게 하는, 보이지 않는 심리적 비용이 발생한다. 사실 이런 비용과 불편함 때문에 보험을 기피하는 경우도 많다. 그러나 프로젝트가 크고 중요할수록 리스크가 주는 피해가 천문학적인 규모로 커질 수 있는데, 이런 경우의 대비로 보험은 매우 중요하다. 사업의 불확실성이 점점 더 커지는 현대 사회에서 보험의 중요성이 커지는 이유이기도 하다.

보험이라고 하면 전문적인 보험회사가 제공하는 보험 서비스만 떠올리기 쉽다. 그러나 보험의 원리는 우리의 업무 현장에 다양한 형태로 존재한다. 부동산이나 투자 계약에서 다양한 선택권 조항을 삽입하는 것이 하나의 예다. 기업 활동을 위한 부동산 계약을 하면서 낮은 가격이라는 단순한 조건 때문에 무턱대고 장기계약을 하는 것이 아니라, 어느 정도의 프리미엄을 제공하되 특정 시기에 계약 연장 여부를 결정할 수 있는 조건을 다는 것 등이다. 최근 부동산 관련 대형 프로젝트의 기대 수익이 급감하는 경우, 시공사가 공사를 취소할 수 있는 계약서상 조건을 활용하여 피해를 최소화하기도 했다.

누구나 자기 머릿속에서 탄생한 기획은 마냥 좋아 보인다. 최고의 결과를 이끌어낼 거라고 확신하게 된다. 그래서 그 기획에 사용할 수 있는 모든 자원을 투입하길 원한다. 모든 것을 다 걸어도 될까 말까 한데, 조금이라도 소극적으로 물러서는 모습이 있다면 될 일이 하나도 없다는 말이 힘 있어 보이기도 한다. 그러나 그런 충동으로 조직의 모든 것을 한 프로젝트에 쏟아붓는 행동은 도박이자 투기다.

최선의 경우를 목표하더라도 최악의 경우를 준비해야 한다는 것이 보험의 원리다. 이는 곧 꼼꼼한 기획을 이끌어내는 길이다.

Plan B: 새로운 길을 찾는다

리스크가 발생하여 기존의 계획이 실패한 경우, 보험이 있다면 피해를 최소화할 수 있다. 그러나 기업은 그 상태에서 만족하지 않는다. 이제 원래의 목표 달성을 할 수 있는 다른 방법을 시도해야 하는 상황이다. 원래 선택했던 계획 A가 실패했을 때, A의 대안으로 선택하고 추진해야 하는 계획을 Plan B라고 한다. 그리고 목표의 규모가 크고, 성공 여부가 회사나 조직의 성공과 생존에 직접적인 영향을 끼칠 때, 시작하기 전부터 Plan B를 마련해놓고 새로운 프로젝트에 착수하는 경우도 있다.

Plan B는 원래 계획했던 장소나 담당자가 불가능할 때 바로 대체할 수 있는 대체안을 비롯해, 특정 프로젝트가 실패했을 때 남은 자원과 인력을 집중해야 하는 새로운 프로젝트에 이르기까지 다양한 수준에서 생각할 수 있다.

Plan B를 가동해야 하는 상황에서도 중요한 것은 원래 프로젝트가 달성하고자 했던 목적이다. 최종적인 목적을 달성하기 위해 기존의 계획과 수단을 변경하는 것을 신속하게 받아들일 수 있는 유연함이 Plan B를 성공시킬 수 있는 중요한 요건이다.

이런 유연한 사고는 목적과 목표를 구분해서 생각할 때 가능하다. 비즈니스에서 목적은 왜 하는지에 대한 답이다. 사업이나 기획을 통해 해결하고자 하는 근본적인 문제 사항에 관련된 것이다. 이에 반해 목표는 무엇을 하는지에 대한 답이다. 사업과 기획이 수행하고자 하는 내용과 관련

되어 있다.

예를 들어, 육지와 떨어진 외딴 섬에 신문을 배달하는 임무를 수행한다고 하자. 어느 날 심한 폭풍우로 매일매일 신문을 배달해주던 배를 움직일 수 없는 상황이 되었다. 만약 신문 배달의 목적이 그 섬에 사는 사람들에게 매일매일의 정보를 전달하는 것이고, 신속한 정보 전달이 매우 중요한 일이라면 어떤 Plan B가 가능할까? 육지에 있는 사람이 신문을 스캔하여 그 파일을 보내주는 것도 하나의 Plan B가 될 수 있다.

그런데 신문 배달의 목적이 꾸준히 신문 자료를 수집하는 것이라면 다른 Plan B가 있어야 한다. 그때는 폭풍우로 인해 배송이 안 되는 기간의 신문들을 잘 보관하고 있다가 기상이 좋아진 후 한꺼번에 보내주어야 한다.

위험관리는 기술이 아니라 문화다

앞서 예로 든 할라피뇨 사업에서 실패를 경험한 후 사업을 대하는 나의 태도는 더 성숙해졌다. 자연 앞에 사람이 겸허해야 하듯이, 사업 앞에서 사업가는 절대 방심하거나 자만해서는 안 된다는 큰 교훈을 얻었다. 옛날 해성물산의 임 팀장님이 본인의 실패한 프로젝트 관련 자료들을 보물상자처럼 갖고 다니던 모습이 날이 갈수록 더 공감이 간다.

그런 면에서 위험관리라는 것은 하나의 스킬이나 업무라기보다는, 한 사람이 삶을 대하는 태도처럼, 나의 일하는 방식이나 문화 차원에서 다뤄야 한다. 한 사람 차원에서도 그렇고, 조직과 회사 차원에서도 그렇다.

위험관리를 하나의 문화라고 바라볼 때 하고 싶은 얘기가 있다.

실패의 경험을 소중히 여기는 문화

2010년경 아이폰 이후 전 세계가 실리콘밸리의 혁신을 찬양하던 시기였다. 그때 우버의 창업자가 강사로 나선 콘퍼런스가 있었는데 그 이름이 'Fail Con'이었다. Fail, 즉 자기들의 실패 이야기를 나누는 콘퍼런스. 지금도 그 콘퍼런스는 실리콘밸리를 넘어 유럽과 아시아의 혁신 도시에서 활발히 진행되고 있다.

해성물산의 임 팀장님, 그리고 실리콘밸리의 사람들. 그사이에 통하는 것이 있는 듯하다. 본인의 실패를 감추지 않고 드러내는 습관을 가진 사람들이다. 나는 성공 스토리도 좋지만, 이런 실패 이야기가 주는 교훈 역시 크다고 생각한다.

사실 엔터테인먼트업계에는 하나의 성공담을 만들기 위해 수백, 수천 건의 실패 경험이 쌓여 있다. 그런 실패 스토리는 그 주인공과 함께 어둠 속으로 사라지기 마련이다. 그 이야기들이 세상에서 자취를 감추면서 뒤에 오는 사람들도 똑같은 실패를 반복하게 되는 것을 본다.

우리 사자레코드가 시도했다가 실패한 수많은 경험, 스컬과 쿤타가 젊은 시절 경험한 실패와 실수. 어쩌면 이런 것들이 우리가 가진 최고의 자산이 아닌가 생각한다.

그래서 나는 언젠가 엔터테인먼트 산업을 비롯해 산업계 전반의 실패담을 자유롭게 나눌 수 있는 자리를 마련하고 싶다. 거기서 수많은 기획자와 사업가가 서로의 실패 스토리를 나누며 그 실패를 극복할 수 있는 길을 함께 찾아가는 선순환이 일어나면 좋겠다.

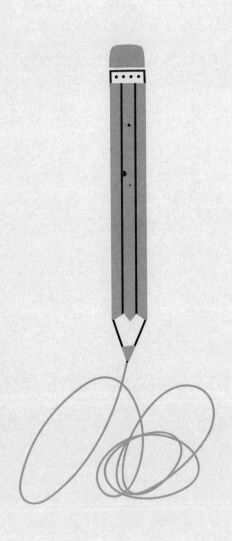

5

Word,
사람의 마음을
움직이라

대중을 사로잡기까지 말과 글의 힘

사자레코드 〈멀티테이너 발굴 프로젝트〉 기획서

엔터테인먼트업계의 생존 전선에 뛰어들다

사자레코드 조 대표. 음악 하나에 모든 것을 건 젊은 아티스트들을 이끄는 경영 일선은 쉽지 않았다. 30대 초반 해성물산에서 반도체 중고 장비 프로젝트를 진행했을 적 패기에 식품 무역으로 닦은 노련함이 무기였지만, 하루가 아닌 분초 단위로 변하는 엔터테인먼트업계에서 적응하고 성공하는 것은 전혀 새로운 일이었다. 열 살이 되기 전부터, 늦어도 사춘기부터는 음악에 미쳐 살았음을 훈장처럼 자랑하는 아티스트들. 그들은 '필'이 꽂히면 며칠 밤을 새우며 작업에 몰입하기도 하지만, '그냥 하기 싫으면' 간단한 식사 약속도 지키기 힘들어했다.

문화적 차이도 컸지만, 그보다 더 힘든 것은 시장을 지배하는 대형 기획사들 속에서의 생존이었다. 조 대표는 엔터테인먼트업계에 들어올 때부터 그 점을 분명히 알았다. 지금으로선 규모는 작아도 힙합과 레게 분야의 독보적 위치를 지킨다 해도, 대형 기획사들과 중소 기획사들의 양극화가 점점 더 커지는 상황에서 사자레코드가 더 성장할 전략이 필요했다.

물론 조 대표는 지금 같은 회사의 모습에 머물 생각은 처음부터 없었다. 크든 작든 간에 규모를 넘어서 세상에 하나밖에 없는 기획사를 만들고 싶은 생각이 없었다면, 동생이 개척해온 음악적 영토에 발을 들이는 일도 없었을 것이다.

2022년 12월, 서울의 카페

사자레코드 같은 소형 기획사가 대형 기획사들의 성공법을 그대로 따라 할 순 없는 노릇이었다. 특히 아이돌 육성 시스템은 따라 하려야 할 수 없었다. 엄청난 자본을 들이는 것 자체가 흉내조차 내기 어려운 일이었고, 자본이 있다 하더라도 이미 시장을 선점한 3~4개 대형 기획사에 전국의 재능 있는 아이돌 지망생들이 몰려가기 때문이다. 인생을 걸고 아이돌이 되려는 지망생의 입장에서 조금이라도 큰 대형 기획사로 가고자 하는 마음은 이해하고도 남았다. 그저 신생 기획사로선 인재를 얻을 수 없다는 큰 한계를 절감할 뿐이었다.

미래의 스타를 찾아내는 일. 그것이 엔터테인먼트업계에서는 가장 중요한 투자임과 동시에 조 대표의 가장 큰 고민이다. 그 답은 쉽게 얻어지지 않았다. 전 세계를 무대로 수많은 바이어와 제품을 발굴했던 조 대표에게도 미래의 스타 한 명을 찾아내는 일은 결코 쉽지 않았다.

재능 있는 유망주를 찾아내 장기간 육성하여 엄청나게 마케팅하면서 데뷔를 시키는 과정을 생각하면 그 시간과 비용이 어마어마하다. 운 좋게 거의 완성된 숨은 실력자를 찾아냈어도 대중에게 알리는 데 들이는 마케팅만 해도 만만치가 않다. 더욱이 그렇게 투자해도 성공할 확률이 100%가 아니다. 성공을 보장할 수 없다는 점이 가장 큰 난관이다. 그렇다면 어떻게 해야 할까? 판을 바꿀 수 있는 방법이 있을까?

이는 사자레코드 대표로 합류한 지난 1년간, 그리고 앞으로도 벗어날 수 없는 운명적 과제다. 그런 숙제로 마음은 무거운데, 어김없이 12월이 오고 크리스마스 시즌이 다가와 세상이 온통 경쾌하다. 복잡한 머리 좀 식히고자 카페에 들어앉아 커피를 마시다가 스마트폰으로 SNS 세상을 들여다보니, 이곳도 연말 분위기가 한창이다. 계절의 변화를 현실보다 더 실감할 수 있다. 온라인상으로 더 즐겁고 더 행복하게 보이려 경쟁이라도 하듯이 일상을 근사한 이미지로 장식하는 온갖 게시물이 넘쳐난다. 바로 그때 문득 조 대표의 눈에 뭔가가 들어온다.

크리스마스 파티, 카페, 여행……. 이 화려한 트렌드를 이끄는 사람들이 있었다. 특정한 사람들의 SNS에 일반 대중이 몰려들었고, 그들이 올리는 영상과 이미지에는 댓글이 수천, 수만 개 달려 있었다. 연예인도 아닌 그들에게 대중은 엄청난 관심과 호응을 보였다. 그들을 가리키는 말도 생겨났다. 바로 '인플루언서'.

그 순간 조 대표는 뭔가에 맞은 듯한 느낌이 들었다. 회사가 엄청난 자금을 쏟아부으며 얻고 싶어하는 대중의 관심을 이들은 그다지 힘들이지 않고 얻어내는 것처럼 보였다. 이들에게 어떤 매력이 있는 게 분명하다. 그렇다면 우리가 그 매력을 얻어오면 되는 것 아니겠는가!

2023년 1월, 서울의 카페

2023년 1월 1일 아침. 조 대표는 혼자 시간을 보낼 때 찾는 카페에 앉아 직원들에게 공유할, 아니 솔직히 자기 자신에게 보고할 기획서를 작성 중이었다. 해성물산 재직 때 수백 번 넘게 써서 익숙한 양식으로 사업 기획서를 써 내려갔다.

조 대표가 "조 대리" 시절 "김 과장"으로 함께 반도체 중고 장비 프로젝트를 진행했고 지금도 여전히 따르는 김 상무님. 그분은 항상 아이디어를 문서화할 것을 강조했었다.

"자신의 언어로 표현하지 않은 아이디어는 그냥 느낌일 뿐이다. 머릿속에서는 완벽해 보이던 아이디어가 문자로 표현하는 순간 민망하고 부족한 모습을 드러낸다. 그 모습을 채워 나감으로써 네 자신을 설득해야 한다. 네 스스로 납득하지 못하는 아이디어로는 어떤 고객도 잡을 수 없다."

당시 김 과장님의 가르침에 따라 조 대리는 수많은 기획서를 작성했다. 그러면서 기획서의 매력에 빠져들었다. 이제는 주로 보고받는 입장인 조 대표지만, 이렇게 스스로 기획서를 만드는 시간을 빠뜨리지 않는다. 자기 생각을 구체화하고, 리스크를 점검해보고, 추진할 방법을 찾아볼 기회로 보기 때문이다. 자기 언어로 표현한 아이디어가 더 선명하고 더 구체적으로 발전한다는 것, 그렇게 다듬은 아이디어만을 직원들에게 꺼내놓는다는 것이 조 대표 스스로 지키는 원칙이다.

지난 일주일, 크리스마스부터 이어진 연말연시 연휴에 외부 일정을 대부분 취소하고 조 대표가 작성한 기획서는 〈멀티테이너 발굴 프로젝트〉이다. 인플루언서는 이미 수십 만의 팔로워를 보유한 인기인이다. 노래를 하고 춤을 추는 아티스트가 아니어도 그들의 일거수일투족은 수많은 사람의 눈과 귀를 사로잡는다.

음악과 춤에 재능 있는 지망생을 훈련시켜 마케팅하는 것이 전통적인 연예 산업이라면, 이미 대중에게 각인된 인플루언서에게 음악과 춤을 교육시켜 아티스트로 키우는 것이 조 대표가 생각하는 아이디어의 골자다. 아티스트의 예술성이 시장에서 성과로 100% 연결되지 않는 불확실한 환경에서, 최소한의 시장성을 보장하는 새로운 접근법이다. 전통적인 지망생 양성 코스에 들어가는 엄청난 비용을 감당할 수 없는 신생 기획사가 취할 수 있는 전략이기도 하다.

그렇다고 이들이 기존의 아티스트, 엔터테이너와 같은 예술적 역량을 빠른 시간 내 갖출 수는 없다. 그래서 고민한 방법이 엔터테이너가 아닌 '멀티테이너'라는 개념이다. 엔터테이너가 노래나 춤, 연기처럼 자기의 전문 분야에 고도의 전문성을 가진 사람이라면, 멀티테이너는 대중문화의 다양한 분야에서 대중의 눈높이에 맞는 역량을 친근하게 전달하는 사람이라고 생각했다.

조 대표는 이 프로젝트에 숨겨진 리스크가 무엇일지도 고민했다. 지난 연휴 이후 대부분의 시간은 그 리스크를 찾아내는 데 쏟았다. 수많은 인플루언서 중 어떤 사람을 우선적으로 선택할 것인가, 훈련과 교육으로 일정 수준의 예술성을 갖출 수 있을 것인가, 그들이 집중적인 훈련 기간을 참아낼 수 있을 것인가……. 조 대표가 고려해야 할 리스크는 끝이 없었다.

정작 우려스러운 것은 내부 직원들이었다. 기존의 아티스트들이 그들을 동료로 인정해줄 것인가.

2023년 1월, 사자레코드 사무실

"난 반대야. 인플루언서는 그냥 일반인이잖아. 우리는 가수고. 여기 보이는 애들이 그냥 하루 이틀 만에 가수 하는 것 아닌 거 잘 알잖아. 우리 하는 걸 너무 쉽게 보는 거 아니야?"

동생 스컬은 조 대표의 제안을 듣자마자 반대했다. 충분히 예상했던 일이다. 스컬에게 음악이란 영토는 자신의 모든 것을 바치며 치열하게 전쟁을 치른 끝에, 명문대와 대기업에 들어간 형이 인정받는 동안 주위 사람들의 비교와 무시를 묵묵히 견딘 끝에 총상 입은 베테랑 용사처럼 얻어낸 훈장 같은 것이었다. SNS에서 인기 있다는 이유만으로 자신의 전쟁터 같았던 곳에 손쉽게 들어온다는 것이 받아들여지지 않았다.

조 대표는 스컬의 반대와 그 이유까지 짐작하고 있었다. 그래서 준비한 얘기를 꺼냈다.

"너, 이 사람들이 쉽게 쉽게 유명해진 것 같지? 내가 그래서 그들 몇몇을 만나봤거든. 정말이지 우리보다 더 치열하게 살면 살았지 절대 쉬운 삶을 사는 사람들이 아니었어. 이 사람들에게는 똑같이 SNS를 사용하는 수만, 수십만 명의 사람이 모두 경쟁자야. 또 그들에게 관심을 보이는 팔로어들은 얼마나 변덕이 심한 줄 아니? 상처 주는 악성 댓글에 버티는 것 역시 보통 사람이 상상하기 쉽지 않은 고통이야. 매일매일 새롭고 좋은 콘텐츠를 만들어내느라 무지무지한 노력을 하는 성실한 사람들이야."

쉬워 보이기만 하던 인플루언서라는 것이 실은 뼈를 깎는 노력과 희생 없이 오를 수 없는 자리란 말에 스컬의 반발이 한결 누그러들었다. 그러나 음악에 대한 자부심은 끝까지 포기할 수 없는 것이었다.

"그래도 음악이라는 게 가르친다고 다 되는 게 아니잖아. 천재로 태어나거나, 아니면 정말 어려서부터 목에서 피 나게 연습해야 해. 내가 고생하는 거 옆에서 다 봤잖아."

"알지. 다 알지. 나도 그들이 교육받아서 다 아티스트가 될 거라고 계획하는 건 아니야. 먼저 디제잉 분야로 키울 계획이야. 디제잉은 음악뿐 아니라 대중과의 호흡이 중요하잖아. 인플루언서의 장점이 극대화될 수 있는 분야라고 생각해. 기존의 우리 아티스트들과 호흡도 맞출 수 있을 테고. 일단 디제잉 분야에서 양성해 차츰 분야를 넓혀볼 거야."

디제잉 분야라면 대중의 트렌드를 잘 아는 역량이 중요하다는 말에 스컬도 고개를 끄덕였다. 스컬의 동의를 얻은 조 대표는 가장 큰 산을 넘는 동시에 가장 든든한 조력자를 얻은 느낌이었다. 스컬을 따르는 다른 아티스트들 역시 적극적으로 지원 의사를 밝혔다. 벌써 자기가 좋아하는 SNS 인플루언서를 소개해주겠다는 아티스트도 있었다.

2023년 3월, 시자레코드 사무실

"와! 제가 배울 것이 이렇게 많은 줄 몰랐어요. 디제잉이란 게 그냥 음악만 틀어주면 되는 줄 알았는데. 이렇게 복잡할 줄 몰랐어요."

앞으로 디제잉을 위해 공부할 것들을 브리핑하자마자 인플루언서 I가 비명을 질렀다. 그러나 표정은 밝았고, 호기심 넘쳐 보였다.

"그럼 이렇게 복잡한 장비 작동이며 무대 음향에 대한 이론 공부도 하는 동시에, 수백 명 넘는 가수의 수천 곡 넘는 노래를 다 공부할 거란 말이죠? 이거 다시 태어나야겠는데요. 일단 열심히 해보겠습니다. 제 꿈이 었거든요!"

I의 적극적인 모습이 조 대표는 좋았다. 열심히 도전하는 그 모습에 SNS 수십 만 팔로어가 반할 수밖에 없을 것 같았다. I의 밝은 에너지에 스컬도 호감을 보였다. 평상시 같으면 스스로 민망해할 멘트도 날린다.

"I님 완전 팔로어들의 스타시던데, SNS에 여기서 공부하고 활동하는 모습, 배경 많이 올려주시면 좋아요. 우리 아티스트들도 많이 홍보해주세요."

"그래도 되는 거죠? 와, 신난다. 여기 아티스트들이랑 함께 활동하는 이야기가 정말 재밌겠어요. 우리 팔로어들이 엄청 기대할 것 같아요."

조 대표는 계약서의 힘을 누구보다 아는 사람이다. I와 정식으로 계약을 맺는다.

처음에는 이렇게 모든 것이 다 좋고 무엇이든지 다 해주고 할 것 같다. 그러나 일이 진행되다 보면 반드시 문제가 생기고 해결해야 할 일이 뒤따른다. 단적으로, 언제까지 준비해서 해보자 하는 기한 약속을 하지 않으면, 급한 쪽과 그렇지 않은 쪽의 입장은 너무나 달라진다. I를 비롯해 인플루언서 10여 명과 멀티테이너 계약을 맺으며 기한과 활동, 향후 수익 배분까지 세부 내용을 최대한 철저하게 담았다.

2023년 7월, 사자레코드 사무실

철저하게 검증하고 믿을 만한 파트너와 계약을 맺긴 했으나, 채 몇 달도 안 되어 계약을 포기하는 사람이 2~3명 생겨났다. 사유는 본인 일정이 안 맞아서, 그리고 디제이가 되기 위한 교육이 너무 힘든 나머지 더 이상 못해서였다. 그러나 나머지는 끝까지 즐겁고 성실하게 약속을 지켰다.

MZ세대에 대해 끈기가 없을 거라고, 어려움을 참아내지 못할 거라고 선입견을 갖고 있던 조 대표도 이들과 함께 지내는 동안 생각이 많이 바뀌었다. 자기가 좋아하는 일에 밝고 큰 에너지를 발산하는 친구들이다. 무엇보다 자기의 모든 것을 SNS로 공유하는 일에는 하나같이 도사다. 그래서 프로젝트 하나하나에 별도로 투자하지 않아도 자연스럽게 홍보가 이루어졌고, 이들을 기다리는 대중이 벌써 대기 중이었다.

반도체 중고 장비 시장을 개척하려고 전 세계를 돌아다녔던 일, 할라피뇨 수입에 온몸으로 도전했던 일, 그리고 엔터테이너 양성 방식에 신기원을 여는 일……. 이와 같이 기존에 없던 새로운 것을 만들어내는 일을 이루기 위해 후회 없이 도전하고, 그 도전의 결과를 받아들이는 것. 이것이 바로 기획자의 삶, 조 대표가 선택한 길이다.

기획서, 자신에게 먼저 질문하라

인플루언서를 멀티테이너로 양성한다는 아이디어가 떠오른 순간, 불꽃이 일어나는 것 같았다. 많은 아이디어가 그렇듯이, 깊이 고민하기 전에는 완벽해 보이고 무조건 잘될 것 같다. 그래서 새로운 아이디어를 떠올린 순간 우리 심장은 고동치기 시작한다. 조 대표 역시 마찬가지였다.

그런데 아이디어를 기획서로 구체화하는 순간, 아름답고 완벽해 보였던 불꽃이 사라지고 불완전하고 어설픈 실체가 드러나기 시작했다. 이 아이디어가 실패할 수많은 이유, 해결해야 할 산더미 같은 과제가 밀려왔다.

막연한 단계에서 아름답게만 보이던 아이디어가 기획서에서 언어로 표현하려니 낯설고 볼품없어지는 경험을 누구나 한다. 내 생각을 다른 사람과 공유하기 위해 문자화하는 과정은 필요한데, 문제는 많은 사람이 문서 작업 자체에 거부감이 많다는 것이다. 앞으로 벌일 일을 생각하기란 비교적 쉽고 흥미로운 반면에, 그것을 문자화하기란 힘들고 싫다. 왜 그럴까?

가장 큰 이유는 내 머릿속의 생생하고 역동적인 아이디어를 적확하게 표현할 단어와 문장을 찾아내는 일이 어렵기 때문이다. 적확한 단어와 문장을 찾아내려면 생각하고 있는 업무에 대해서 전문적인 배경지식이 어느 정도 있어야 하고, 기획서를 함께 읽는 사람들, 즉 회사에서 사용하는 언어를 잘 알아야 한다. 게다가 남들이 읽기 쉽고 이해하는 데 장애가 없도록 정확한 문법과 논리적인 구조까지 갖춰야 한다. 이쯤 되면, 좋은 아이디어보다 문서 작성 능력이 더 중요해 보인다. 그러면 배보다 배꼽이 더 큰 셈이 아닌가?

그런데 바꾸어 볼 수도 있다. 적확한 단어와 문장을 찾는 그 성가신 일이 사실은 당신의 생각을 완성해가는 필수적인 과정이다. 여기 그 이유가 있다.

기획서는 사고를 고도화하는 과정이다

문서화라는 것은 당신 머릿속의 생생하고 흥분되는 생각 덩어리들을 언어라는 기호로 표준화하고 규격화하는 과정이다. 그런데 내가 선택하는 언어는 반대로, 나를 지배하는 힘을 갖기도 한다.

예를 들어, 내 생각의 한 덩어리에 '목표'라는 언어를 붙이면, 나는 지금 수준As-Is과 달성해야 할 수준To-Be, 그리고 그 간극을 생각하게 된다. 간극을 해결하는 방법과 기한까지 동시에 생각하게 된다. 또 '리스크'라는 언어를 붙이면, 여태 장밋빛으로만 보였던 것들의 잿빛 면모도 보인다. 그러면 나는 일이 안 될 수만 가지의 가능성을 염려하게 되고, 지금껏 신나게 성공을 그렸던 모습과 180도 다른 태도를 보이게 된다.

전략, 자원, 역량, 이해관계자, 고객, 파트너 등 기획서 같은 문서에 쓰는 단어는 위와 같이 다양한 상황을 연상시키고, 상황별로 전혀 다른 입장을 취하게 한다. 이런 과정을 사고의 고도화라고 한다. 종종 현장에서 긍정적 의미로 '고민이 많이 담긴 기획'이라고 평가할 때는, 실패에 대한 두려움으로 안절부절못한 기획이라는 뜻이 아니라, 사고의 고도화 과정을 충분히 겪은 기획이라는 뜻이다.

이런 과정이 가장 눈에 띄게 발생하는 상황이 바로 문서화다. 기획자는 문서화에서 언어와 사투를 벌이는 중에 각각의 언어가 던지는 수백, 수천 가지 질문에 답하며 자기의 기획을 고도화해간다고 할 수 있다. 그런 면에서 기획서를 작성할 때 첫 번째 독자는 기획자 자신이다. 기획자 자신이 찾아낸 답변에 스스로 만족하지 못하고 납득하지 못한다면, 그 기획은 세상에 나올 수 없다.

기획의 문서화는 우선 기획자의 사고를 고도화하는 데 필요한 동시에 협업을 위해 필요하다. 우리가 하는 기획은 대부분 팀, 부서, 회사 차원에서 진행된다. 이때 기획이 문서화되면, 그것을 읽는 상대방은 음성을 들을 때보다 더 비판적이고 깊이 있게 생각할 수 있다. 그렇게 되어야 기획자가 보지 못한 리스크와 생각하지 못한 솔루션이 나올 수 있다. 그렇게 집단지성으로 보강되는 기획에서는 기획자 혼자 작성했을 때와는 비교할 수 없는 사고의 고도화가 발생한다. 또 기획 단계에서 참여하게 된 집단은 실행에서도 더 적극적이고 주도적이게 된다.

단어에서 문장으로 다듬어 나가기

　조 대표가 새해 첫날 아침에 한 카페에서 새로운 기획을 시작했을 때, 가장 결정적 장면은 '멀티테이너'라는 단어를 떠올린 순간이었다. 이미 SNS를 통해 어느 정도 인지도를 갖춘 사람들. 그들은 기존의 아티스트처럼 음악이라는 한 우물에 인생 전체를 건다기보다 다양한 분야에 여러 활동으로 도전하는, 그리고 그 과정 자체를 대중에게 스토리로 전달하는 사람들이다. 본래 캐릭터 외 다양한 '부캐'를 만들어서 신인의 자세로 악기, 노래, 요리에 도전하는 유명 코미디언의 모습을 닮기도 했다. 그토록 다양한 분야에 즐겁게 도전하며 성장해가는 모습을 대중에게 진솔하게 보여주는 사람들. 조 대표는 그들을 머릿속에 상상했다. 그들을 표현하는 단 하나의 단어를 찾았다. 마땅한 표현이 떠오르지 않았다. 그래서 조어를 했다. 다양한 분야에 도전하여(멀티) 대중에게 즐거움을 전하는 사람(엔터테이너)이라는 뜻의 '멀티테이너'였다.

　그 단어 하나를 찾은 순간, 조 대표는 몸 안에서 새로운 기쁨과 에너지가 뿜어져나오는 것 같았다. 멀티테이너들이 서툰 도전자의 모습에서 점차 성장해가는 모습이 그려지기도 했다. 오랜 사업의 경험상 이런 프로젝트를 진행할 때 발생할 리스크도 떠오르기 시작했다. '멀티테이너'라는 단어를 중심으로 수많은 화살표가 사방으로 퍼져나가듯이 조 대표의 생각이 확장되었다. 그 화살표들은 사업의 목적과 목표, 진행의 프로세스, 검토할 리스크, 사용할 수 있는 자원과 인력 등 기획서를 이루는 중요한 부분들로 묶이며 더욱더 구체화되었다.

이렇게 기획자가 그리는 최종 목표를 강력한 하나의 단어로 그릴 수 있다면, 그것이 곧 기획서 작성의 훌륭한 시작이다. 다시 말해, 당신이 〈○○○에 대한 아이디어〉라는 기획서 작성을 담당한 경우 "○○○"라는 단어에서부터 생생한 그림을 그려 나가는 것이 바람직하다.

예를 들어, 당신이 〈J앱의 인지도 상승을 위한 방안〉을 작성해야 하는 기획자라고 해보자. 그렇다면 J앱을 하루 종일 쓰면서 사는 20대 청년의 모습, 그 청년에게 J앱을 가르쳐달라고 부탁하는 50대 엄마의 모습, J앱을 개발한 아빠가 자랑스러워 학교 친구들에게 자랑하는 초등학생 자녀의 모습 등을 생생하게 그릴 수 있어야 한다.

그다음은 실제 회의실에서, 아니면 머릿속 회의실에서 칠판이나 보드의 중앙에 "하루 종일 빠져 있는 20대", "배우고 싶은 50대", "자랑하고 싶은 어린이"의 모습을 그리거나 단어로 표현한다. 바로 그 지점이 기획의 시작점이다. 거기에서부터 화살표를 사방으로 그려 나간다. 아래쪽 화살표에는 각 대상이 해당 앱을 얼마나 알고 있는지 현실 지표를 적을 수도 있다. 위쪽 화살표에는 도달하고 싶은 목표를 적을 수도 있다. 오른쪽 화살표에는 각 대상에게 전달하는 데 효율적인 매체를 적을 수도 있고, 왼

쪽 화살표에는 각 매체를 사용할 때 발생할 리스크를 적을 수도 있다. 고민의 가짓수만큼 수많은 화살표가 추가될 테고, 그 내용은 모두 당신의 기획서에 중요한 부분으로 담길 것이다.

나 자신부터 설득하라

사업이나 프로젝트를 한번 시작하면 이후에는 방향을 바꿀 때 비용과 시간이 많이 든다. 그래서 실행하기 전 기획 단계에서 모든 상황을 시뮬레이션해야 한다. 기획을 시작할 때는 뜨거운 열정으로 생각을 벌려야 하지만, 검토할 때는 차가운 판단력으로 하나하나 따져봐야 한다.

조 대표는 기획서를 크리스마스 전에 처음 작성했다. 그러고는 바로 동료들에게 전달하지 않고, 연말연시 연휴 내내 수십 번 검토했다. 기획서를 검토할 때마다 매번 처음에는 보이지 않았던 리스크가 보였다. 그러면 그 리스크를 어떻게 예방할지 방법을 모색했다. 검토를 거듭하며 이런 고민을 내용에 붙여가면서 기획서를 다듬길 반복했다.

기획서를 검토할 때는 흥분이 가라앉은 상태로, 제3자의 눈과 머리로 검토하듯이 최대한 객관적으로 임하는 것이 필요하다. 리스크를 집중적으로 다룬 3부에서 얘기한 세 가지 기준, 즉 ① 할 수 있는 일인가, ② 해도 되는 일인가, ③ 꼭 해야 할 일인가는 기획서를 검토하는 기준으로 유용할 것이다.

기획의 목적은 상대방을 설득하는 것으로, 첫 번째 상대는 바로 나 자신이다. 기획서 작성은 나 자신을 설득하는 과정이다. 처음 떠올린 생각이 있다. 지금까지 남들이 생각하지 못한, 나의 창조성과 기발함이 만들어낸 가슴 뛰는 개념이다. 그때 카피라이터가 하듯이 그 모습을 한 단어, 한 문장으로 표현해내면 완벽해 보인다. 그러나 기획서를 작성하다 보면 허술한 빈틈이 보이기 시작한다. 기획서를 검토할 때마다 새로운 빈틈을 발견하고, 그 빈틈이 불러올 위험을 가정하면 막막해진다. 그런 과정이 반복되면서, 처음 가졌던 자신감은 없어지고 실패에 대한 두려움이 생긴다. 이 기획을 취소하고 싶다.

누구나 겪는 이와 같은 과정에서 두려움을 극복하지 못하고 기획자 스스로 지워버린 기획들이 셀 수 없을 것이다. 그러나 기획자의 진정한 힘은 여기서부터 나온다. 빈틈을 계속 발견하는 과정에서 그 리스크를 예상하고, 실제로 생기지 않도록 하는 방안, 생겨도 피해를 최소화하는 방안을 미리 구상한다. 기획자가 발견할 수 있는 모든 리스크에 대한 준비를 갖추면, 비로소 나 자신의 기획에 확신을 갖게 된다. 그때가 나의 기획을 세상에 공개할 시점이다. 누누이 말하지만, 남들을 설득하기 위해 가장 먼저 할 것은 나 자신을 설득하는 것이다.

6 Page Narrative로 제안서 정리하기

기획서라고 할 때 흔히 생각하는 것이 있다. 우선 제목이 있고, 작성자가 있고, 한눈에 들어오는 여러 번호와 기호가 있다. 번호와 기호에 따라 기획의 배경, 목표, 기대 효과, 실행 방법, 예산 같은 항목이 깔끔하게 정리되어 있다. 각각의 표현은 간결하되 문장형이 아닌 명사형으로 끝을 맺는다. 예컨대 검토 요청, 목표 설정, 위험 감수 필요 등과 같이 표현한다.

이런 기획서 또는 보고서를 개조식이라고 한다. 개조식은 글을 쓸 때 글 앞에 번호나 부호를 붙여가면서 중요한 요점이나 단어를 나열하는 방식이다. 잘 다듬어진 개조식 보고서는 보고서의 모양부터 문서가 아닌, 설계도나 그림처럼 균형이 잘 잡혀 있다. 빈틈없어 보인다. 그러나 큰 단점이 있다.

개조식 문서는 상사가 지시한 것을 실행하고 결과를 보고하는 데 적합하다. 즉 보고를 받는 사람이 어느 정도 아는 내용이어야 한다. 그래서 요점이나 키워드 하나로 신속하게 내용을 파악할 수 있다. 그러나 배경지식이 없는 상대에게 새로운 아이디어를 전달하기에는 적합하지 않다. 솔직히 말하자면, 새로운 기획을 만들어내는 창조적 업무를 하는 기획자에게 도움이 되지 않는다.

문서를 작성하는 기획자의 생각이 나아가는 흐름을 자연스럽게 담아내고, 배경지식이 없는 상대방에게 새로운 기획물을 자연스럽게 전달하기 위해서는 동료에게 이야기하듯이 문장형으로 서술하는 것이 도움이 된다. 이것을 문장형 보고서라고 한다. 세계 최대의 e커머스 기업인 아마존의 구성원들이 사용하는 방법이다. 그들이 "6 Page Narrative"라고 부르는, 6페이지 내외 문장형 보고서는 작성자, 즉 기획자의 생각 흐름을 반영하며, 새로운 생각을 처음 접하는 상대방에게 자연스러운 언어로 설명을 해주는 장점이 있다.

제프 베조스의 열렬한 팬인 조 대표는 6 Page Narrative로 생각을 정리하고 기획을 만들어내는 것에 강한 믿음을 갖고 있다. 조 대표가 직접 고민하며 작성한 기획서를 들여다보며 6 Page Narrative를 쓰는 방법을 배워보자.

작성 분량은 말 그대로 6페이지 정도가 적당하지만, 중요한 것은 페이지 수가 아니다. 당신의 생각을 당신의 언어로 설명하는 것, 즉 내러티브가 중요하다. 6 Page Narrative는 다음과 같은 순서로 기획자의 생각을 안내한다.

① **서론** Introduction

② **목표** Goals

③ **원칙** Tenet

④ **현재 상태** State of the Business

⑤ **이전 상황** Lesson Learned

⑥ **앞으로의 계획** Strategic Priorities

이런 흐름을 따라서 기획자는 자기 생각을 문장으로 작성해 나간다. 그 과정에서 새로운 솔루션을 발상하기도 하고, 그것을 실행할 때 예상되는 리스크에 대비하기도 한다.

사실 각 회사마다 기획서의 표준 양식이 있을 것이다. 개인별로 선호하는 양식이 있을 수도 있다. 어쩌면 우리 사무실에서는 아직도 기존의 개조식 기획서만 인정할 수도 있다. 그러나 6 Page Narrative의 장점을 주목하면 좋겠다. 즉, 기획자가 생각을 이끌어가는 중요한 단계를 일러주며, 상사에 대한 보고가 아닌 동료와 함께하는 팀워크에 적합한 기획서 작성 방식을 제공한다. 이런 장점은 비록 현실에서는 이미 정해진 양식으로 기획서를 작성해야 하더라도 기획자 자신의 생각을 개발하는 데 유용하다. 그것이 6 Page Narrative를 소개하는 이유다.

지금껏 익숙했던 제작 설계도 같은 개조식 문서가 아니라, 블로그 글이나 일기를 쓰듯이 당신의 언어로 당신의 아이디어를 표현해보는 기획서. 뭔가 흥미롭지 않은가?

① **서론** Introduction

서론은 기획의 목적을 밝히는 단계다. '목적'은 무엇인가? 그것은 이 기획을 '왜' 하는지에 대한 답변이다. 이 기획을 통해 해결해야 하는 문제를 언급하면 된다. 어떤 기획의 가치는 그 기획이 해결하고자 하는 문제의 절박한 정도와 시급함이 결정한다. 해결하지 않으면 팀이, 회사가 큰 어려움에 빠지거나 결정적 성장의 기회를 놓치게 되는 문제를 다루는 기획은 조직 전체에서 비중 있게 다루어진다.

그런데 단순히 상사의 지시 때문에 기획을 한다고 생각하면 그런 기획은 담당자에게 그저 숙제이며, 상사의 "오케이" 한마디에 기억 저편으로 날아가버릴 종잇조각에 지나지 않게 된다.

사업의 성과를 책임지는 경영자만큼 담당자가 기획의 절박함을 갖기는 쉽지 않다. 주인이 아닌 사람에게 주인의식을 가지라고 말하는 거나 마찬가지다. 넘지 못할 한계가 분명 있다. 그러나 기획자로서 성장하고자 하는 당신에게 첫 번째 관문은, 기획을 해야 하는 회사 전체적인 상황과 필요성을 파악하는 능력 그리고 태도를 갖추는 것이다.

엔터테인먼트 산업에서 가장 핵심적인 경쟁력은 완성도와 매력을 겸비한 아티스트다. 강력한 아티스트 한 명이 엔터테인먼트 기업 하나, 때로는 엔터테인먼트 산업 자체를 이끌어 나간다.

그러나 사자레코드는 스스로 성장한 아티스트들을 영입하는 수준에서 벗어나지 못하고 있다. 메이저 기획사에 비해 열악한 자금 사정, 인적 역량, 기업 인지도로 인해 미래의 스타를 발굴하고 육성하는 단계에 진입하지 못하고 있다. 같은 전략을 사용할 때 메이저 기획사와의 경쟁에서 승산이 없다.

따라서 사자레코드는 기존에 시도하지 않았던 새로운 방법이 필요하다. 시간과 비용을 더 효율적으로 들이는 방법을 통해 아티스트를 확보해야 한다.

조 대표 기획서의 '서론'

② **목표** Goals

목표는 해당 기획을 통해 서론에서 설명한 문제가 해결된 모습을 기술하는 것이다. 이 기획이 가장 이상적으로 진행되어 성공했을 때 기대하는 열매다. 제품이나 서비스를 기획할 경우에는 해당 제품과 서비스가 창출하는 효용이 목표가 된다. 즉, 새로 기획하는 제품과 서비스를 활용하는 고객의 모습, 그런 활용으로 고객이 얻는 행복, 편리, 경제적 이익 등이 목표다.

아이폰을 기획한 스티브 잡스라면 "인터넷, 전화, 아이튠스가 모두 들어간 하나의 제품"이 목표가 되었을 것이다. 페이스북을 기획한 마크 저커버그는 "세상 모든 사람을 연결하는 개인용 네트워크"가 목표였을 것이다. 이 말을 하는 이유는, 제품과 서비스를 기획할 때 그 핵심 기능과 내용을 목표에서 명쾌하게 드러내는 것이 중요함을 보여주기 위해서다.

아울러 목표는 기획자의 창의력, 기발함이 명확히 드러나는 부분이다. 서론에서 설명하는 As-Is는 창의성 영역이 아닌 분석력 영역이다. 물론 남이 보지 못한 문제를 찾는 것도 창의성 영역이긴 한데, 우리가 현장에서 경험하는 문제는 대체로 다른 사람들도 함께 인지한다. 따라서 그런 문제를 얼마나 깊이 있게 분석하는지가 관건이기에 서론의 내용이 된다. 반면에 목표는 문제를 분석한 지점에서 어떤 창의적 솔루션을 내놓는가 하는 영역이며, 그 솔루션은 새로 시도하는, 새로 창조되는 것일 가능성이 높다. 목표야말로 기획자의 창의력이 빛날 수 있는 무대다.

사자레코드는 새로운 아티스트를 확보하기 위해 새로운 방식을 취할 것이다. 새로운 시도의 중심은 SNS에서 많은 팔로어를 보유한 인플루언서들과 계약하고, 그들에게 음악·디제잉·댄스·랩 등을 가르치는 것이다. 그러면서 실력이 검증되는 인플루언서들에게 무대에 설 수 있는 기회를 줄 것이다.

이들은 각자의 분야에서 인플루언서 역할을 지속하면서도 사자레코드의 아티스트들과 함께 공연하고 작품을 만들 것이다. 우리는 이들을 '멀티테이너'라고 부를 것이다. 이를 통해 엔터테인먼트 활동을 꿈꾸던 인플루언서들에게 기회를 열고, 사자레코드는 빠른 시일 내 적은 비용으로 아티스트들을 확보할 것이다.

구체적으로, 우리는 2024년 상반기까지 디제잉, 댄스, 작곡 분야를 중심으로 5명 이상의 '멀티테이너'를 발굴하고자 한다.

조 대표 기획서의 '목표'

③ 원칙 Tenet

'Tenet'은 우리말로 교리, 주의, 원칙으로 번역된다. 종교 집단에서 구성원이 모두 동의하고 받아들이는 믿음을 가리키는 말이다. 6 Page Narrative를 처음으로 접하는 사람들이 가장 낯설어할 만한 부분이다.

왜 기획서에 행동의 원칙이 들어가야 하는가?

과거의 현장에서는 지시와 실행을 당연하게 여기며, 수단과 방법을 가리지 않고 주어진 지시를 실행하는 사람을 능력 있다고 평가했다. 그러나 지금 우리의 현장은 그런 방식이 통하지 않는다. 지시를 받는 사람은 실행하기 앞서 자기가 왜 그 일을 해야 하는지 수긍할 수 있는 설득 과정이 필요하고, 업무를 추진할 때도 구성원 간에 지켜야 할 선이 합의되어 있어야 한다. 결국 한 사람의 기획은 '팀'이 함께 움직여야 하는 공동의 작업으로 구현된다. 따라서 모두 개성 넘치고 이해관계가 다른 팀원, 동료 개개인이 모여 원만하게 일하기 위한 원칙이 필요하다.

이는 앞에서 리스크를 다루며 언급했던 내용과도 연결된다. 외부에서 닥치는 리스크 외에 팀 내에서 일어나는 갈등, 불화, 팀워크 붕괴가 점점 더 현실적인 리스크로 인식되고 있다. 이에 기획자는 함께 일하기 위한 원칙에 대해서도 중요하게 생각해야 한다.

'멀티테이너' 프로젝트를 진행하는 데 몇 가지 원칙을 정할 필요가 있다.

우선 '멀티테이너' 후보자 선정과 교육에 있어서 기존 아티스트들의 의견을 최우선으로 존중할 것이다. 사자레코드는 아티스트를 존중하고 그들의 음악적 소신을 최우선으로 중시한다는 우리의 원칙은 흔들려서는 안 되기 때문이다.

아티스트들은 '멀티테이너' 프로젝트에 자신의 의견을 적극적으로 개진해야 할 의무가 있으며, 의견을 개진하지 않고 속으로 불만이 쌓이지 않게 한다. '멀티테이너' 프로젝트로 기존 아티스트들의 음악적 활동이 뒤로 밀려서는 안 될 것이다.

사자레코드와 함께하게 될 '멀티테이너' 역시 아티스트로서 존중할 것이며, 그들의 소신을 존중할 것이다.

조 대표 기획서의 '원칙'

④ **현재 상황** State of the Business

'현재 상황' 부분은 현 시점에 조직이 시행하는 사업의 상황을 정확하게 분석한 내용을 기술한다. 서론에서 제기한 문제에 대하여 현재 조직이 대응하고 있는 상황을 최대한 객관적으로 평가하는 부분이다. 여기에는 현 상태를 여러 통계로 보여주는 그래픽 자료가 포함될 수 있는데, 부록으로 넘기면 된다.

현재 상황을 깊이 있게 분석하는 것이 새로운 해결책을 찾는 출발점이 되는 경우가 많다. 그런 분석을 통해 발견한 개선 포인트가 새로운 기획에서는 확실히 해결되어야 한다. 그렇지 않으면 새로운 기획은 추가되는 가치 없이, 구성원의 부담만 키울 수도 있다.

한편 현재 상황을 정확하게 분석하지 않으면 팀원들의 공감을 살 수가 없다. 우리는 대부분 새로운 기획을 들으면 업무 추가에 따른 부담을 느끼고, 자연히 부정적 자세를 갖게 된다. 그럴 때 기획자가 아닌 상대방은 현재에 안주하길 바란다. 그래서 변화가 필요한 현재 상황을 객관적이고 명확하게 설명하지 않고서는 상대방을 움직일 수가 없다.

결국 새로운 솔루션을 찾기 위해, 기획으로 상대방을 움직이기 위해 현재 상황에 대한 분석이 필요한 것이다.

현재 사자레코드가 아티스트를 확보하는 방법은 크게 두 가지다. 하나는 스컬과 음악적 교류가 있는 아티스트를 외부에서 영입하는 것이고, 다른 하나는 아티스트의 꿈을 가진 재능 있는 청소년을 발굴하여 음악, 댄스, 작곡을 훈련시키는 것이다.

쿤타와 조광일이 전자의 경우로, 이미 시장에서 인정받은 아티스트였다. 그러나 이런 방식으로는 아티스트를 안정적으로 확보하기 어렵다. 사자레코드가 계획하는 사업의 방향에 100% 적합한 아티스트를 발굴하는 것은 더욱 어렵다.

후자의 경우, 사자레코드가 준비하는 팀이 별도로 있다. 그러나 하나의 팀을 육성하기 위해 투자하는 금액, 홍보에 대한 부담, 다른 기획사와의 경쟁을 감안할 때 리스크가 너무 높다.

조 대표 기획서의 '현재 상황'

⑤ **이전 상황** Lesson Learned

기획은 새로운 그림을 열정적으로 그리는 것뿐 아니라 끝없이 리스크를 예상하고 사전에 예방하는 일이다. 6 Page Narrative도 기획의 그러한 특성을 명확하게 보여준다. 특히 다섯 번째 단계인 '이전 상황'에서는 기존의 유사 사례에 있었던 리스크를 분명하게 언급하게 된다.

기존 상황을 개선하는 기획이라면 더욱더 이미 경험한 실패 사례에서 교훈을 얻어야 한다. 완전히 새로운 기획을 시작한다면 과거의 유사한 상황에서 또는 회사 외부의 사례에서 교훈을 얻을 수도 있다.

과거의 실패 사례에서 교훈을 얻고 재발하지 않도록 예방하는 것은 정말 현명한 방법이다. 과거에 발생했던 리스크는 다시 발생할 가능성이 클 뿐 아니라, 반복되는 리스크마저 예방하지 못하면 그 책임이 더 커진다.

우리는 전문 아티스트가 아닌 일반인과 함께 작업을 해본 경험이 있다. 아티스트의 공연에 백댄서, 무대 스태프 등으로 단기 아르바이트를 하는 인력과 함께 일해보았다.

기본적으로 해당 분야에 관심 있는 아마추어 댄스팀, 방송 관련 학과 대학생들을 섭외해 도움받긴 했으나, 예상치 못했던 몇 가지 문제에 부딪혔다.

우선 일부 인원이 공연 직전에 약속을 취소하거나 공연 시간에 늦었다. 철저하게 비밀에 부쳐야 할 공연 내용을 사전에 누설한 경우도 있었다. 이런 경우는 드물긴 해도 일단 발생하면 상당한 피해가 따른다. 무엇보다 참여자들의 실력이 천차만별이어서 공연의 수준을 관리하기가 어려웠다.

조 대표 기획서의 '이전 상황'

⑥ **앞으로의 계획** Strategic Priorities

앞으로의 계획 부분에서는 '구체적으로' 어떤 것을 실행할지, 이를 통해 어떤 것이 달성되는지 서술한다. 전체 기획서의 50% 이상을 차지할 정도로 가장 구체적이고 핵심적인 부분이다.

그런데 주목할 점은 '앞으로의 계획'의 원어에 'Priorities'가 포함되어 있다는 것이다. 이는 우선순위다. 즉, 기획을 실현하기 위해 앞으로 해결해야 할 과제가 많은데, 그것들을 동일한 비중으로 다루지 않는다는 것이다. 먼저 실시해야 할 것들, 자원과 인력을 집중적으로 투자해야 할 과제들을 판단해야 한다. 그렇게 과제들에 우선순위를 정하여 선택과 집중이라는 전략으로 접근해야 한다.

우리가 '멀티테이너'를 확보하기 위해 앞으로 해야 할 일은 다음과 같다.

우선 엔터테인먼트 활동에 꿈과 끼를 가진 인플루언서를 발굴한다. 이를 위해 온라인 마케팅 업체들의 도움을 받을 것이며, 수십 명의 인플루언서와 직접 인터뷰를 할 것이다. 이 단계가 이번 기획에서 가장 중요하다고 판단한다. 따라서 '멀티테이너'를 발굴하는 데 충분한 시간과 자산을 투자할 것이다.

그다음에는 인플루언서들과 계약을 맺는다. 이는 그들이 교육을 성실하게 받고, 향후 사자레고드의 활동에 적극적으로 참여하게 하는 최소한의 약속이 될 것이다.

이후 기존의 아티스트들은 각자 강점을 지닌 분야에서 '멀티테이너'들을 교육한다. 그들을 초기 기획 단계부터 최종 공연까지 모든 과정에 참여시키며 훈련이 자연스럽게 이루어지도록 할 것이고, 필요할 경우 전문 트레이너를 활용할 것이다.

마지막으로, 6개월 정도 트레이닝을 받은 '멀티테이너'들에게는 꿈과 끼를 펼칠 수 있는 무대를 제공할 것이다.

(이하 생략)

조 대표 기획서의 '앞으로의 계획'

기획서를 잘 쓰려면

제프 베조스가 직접 한 얘기를 참고하면 좋겠다.

"6 Page Narrative를 하루 만에, 심지어 몇 시간 만에 완성하려고 하는 사람들이 있습니다. 6 Page Narrative는 결코 그런 것을 의도하지 않습니다. 반드시 충분한 시간을 두고 깊이 생각하며, 동료의 의견을 들으면서 수정해 나가야 합니다."

깊은 공감이 가는 말이다. 충분한 시간을 두고 계속해서 수정해 나가야 하며, 동료들의 피드백을 반영해야 한다는 것. 그것은 기획자의 사고 수준을 높여주는 가장 직접적인 행동이다.

마지막으로 나누고 싶은 말이 있다.

"메모 많이 하는 사람 중에 기획서 못 쓰는 사람 없다. 반대로 기획서

잘 쓰는 사람 중에 메모 안 하는 사람 없다."

기획서 작성의 달인으로 불리는 유명 유튜버의 말이다. 더 이상 표현할 길이 없어서 그대로 인용한다.

커뮤니케이션,
동료가 가장 중요한 고객이다

조 대표가 멀티테이너라는 아이디어를 생각해내고 가장 먼저 떠올린 사람들은 바로 사자레코드 동료들이었다. 특히 음악에 대한 열정 하나로 기획사를 세우고 지금까지 달려온 스컬. 조 대표에게 그는 동생이라는 혈연관계를 넘어, 음악에 모든 것을 바친 예술가다. 또 음악만 보고 함께 모인 쿤타, 조광일 같은 주요 아티스트들이 있었다. 멀티테이너 프로젝트에서 그들의 동의를 얻는 일이 급선무였다.

스컬을 설득하는 일이 가장 먼저 넘어야 할 산이라는 것은 분명했다. 스컬을 향해 인간으로서, 음악가로서 갖는 신뢰가 두터운 다른 아티스트들은 스컬의 결정이라면 함께 힘을 보탤 가능성이 컸기 때문이다.

스컬은 자기만의 길로 나아가는, 남의 평가에 흔들리지 않으며 바보같을 정도로 자기 길을 걸어가는 사람들에게 감동받는 사람이었다. 스컬이 아끼는 쿤타와 조광일이 바로 그런 사람들이다. 조 대표는 스컬에게 인플루언서들을 직접 인터뷰하며 알게 된 진면모를 들려주었다. 그 얘기에 스컬은 다방면에서 최선을 다하는 그들의 성실한 노력, 대중의 온갖 실시간 반응을 묵묵히 견디는 마음을 알고 선입견을 버리게 되었다. 결국 스컬의 찬성을 얻었고, 그러자 쿤타와 조광일 등 다른 아티스트와 동료도 한마음으로 협력해주었다.

동료의 마음을 얻지 못한 기획은 필패한다

새로운 기획을 놓고 동료를 설득하는 것은 결코 쉬운 일이 아니다. 동료 역시 인간이기에 새로운 일을 본능적으로 거부하기 쉽다. 새로운 일은 성공에 대한 확신도 없을 뿐 아니라 실패에 대한 부담이 느껴지고, 추가적인 업무로 받아들여지기 때문이다.

인간은 내가 주체적으로 발상하고 주관하는 일이 아니면 그 일에 대하여 적극성이 떨어진다. 기획을 발상한 본인으로서는 새로운 아이디어가 주는 신선함과 설렘, 본인이 일을 주관하는 자율성을 누릴 수 있다. 그러나 남이 꺼내놓은 기획에 따라야 하는 입장에서는 주체성도, 책임감도 약해진다. 그래서 무엇인가 새로운 것을 기획하고 함께하자는 제안에 자발적으로 100% 헌신해줄 동료는, 그런 사람은 거의 존재하지 않는다.

나의 기획이 동료의 마음을 얻지 못한다면, 이 기획은 고객이나 시장에 다가가지도 못할 것이다. 회사나 조직이 보유한 자원과 역량은 나와 동료가 공유하는 것인데, 그것을 동료들의 동의가 없는 상황에서 내가 기획하는 방향으로 사용할 수는 없다. 그러면 자원과 역량이 나의 기획에 집중되지 못하고 분산되고 만다. 모든 자원과 역량을 집중해도 성패를 장담할 수 없는 경쟁 환경에서는 이미 실패로 가는 길에 들어서는 셈이다.

동료의 마음을 얻지 못하면 나의 기획에 그들의 전문성을 빌려올 수도 없다. 조직은 기본적으로 다양한 기능과 역량을 가진 개인들로 구성된다. 그래서 내가 갖지 못한 경험과 역량을 지닌 동료가 있게 마련이다. 이런 조직에서 동료의 도움을 받지 않으면, 그들이 쉽고 효율적이고 높은 수준으로 수행할 수 있는 일조차 내가 혼자 감당해야 한다. 효율이 떨어질 수밖에 없고, 결과의 수준도 좋을 수 없다.

더 솔직하게 얘기하자면, 동료의 협력을 받지 못하는 기획자는 그 외로움과 좌절감을 견디기가 쉽지 않다. 우리의 치열한 현장에서 동료 집단이 주는 소속감과 신뢰감은 무시할 수 없는 에너지원이 된다. 그런 에너지원을 확보하지 못하는 경우나, 오히려 나의 동료가 갈등의 원천이 되는 최악의 경우에는 업무를 지속할 에너지가 급속히 떨어진다.

내부 커뮤니케이션 성공의 3요소: 설계, 설명, 설득

현장의 우리 모습을 생각해보자. 출근해서 퇴근할 때까지 상당히 많은 시간을 팀 내 동료와 커뮤니케이션하는 데 쓴다. 일상적인 대화부터 업무 관련 회의와 보고까지, 회사 생활의 대부분은 동료와의 커뮤니케이션이다. 그래서 팀 동료와 커뮤니케이션을 잘하는 것은 우리가 갖춰야 할 중요한 역량이다. 그것을 잘하기 위해 진지하게 고민하고 자기에게 적합한 솔루션을 찾아보는 노력을 해야 한다.

그렇다면 성공적인 팀 커뮤니케이션에 꼭 있어야 할 건 무엇일까?

① 커뮤니케이션도 전략적으로 설계되어야 한다.

우선 커뮤니케이션에 성공하기 위한 전략을 '설계'해야 한다. 아무리 유려한 말솜씨로 좋은 내용을 전달하더라도 커뮤니케이션 전략을 제대로 설계하지 못하면 원하는 결과를 얻을 수 없다. 커뮤니케이션 전략을 세우려면 다음과 같은 주요 조건을 확인해야 한다.

- 나의 제안이 상대방과 관계있는가?
- 상대방을 설득하기 위해 내가 상대방에게 줄 수 있는 것은 무엇인가?
- 상대방은 지금 커뮤니케이션이 가능한 조건인가?
- 커뮤니케이션을 하기 위해 적절한 시간과 장소가 확보되었는가?
- 함께 있어야 할 사람, 피해야 할 사람은 확실히 구분했는가?

이런 조건을 확인하지 않고 무턱대고 커뮤니케이션을 진행하면 "눈치가 없다." "센스가 없다."라는 평을 들을 것이다. 내가 전달하고자 하는 내용은 나에게는 세상에서 가장 중요하고 시급한 문제지만, 상대방에게는 그보다 더 중요한 일이 많다는 사실을 꼭 기억해야 한다.

② 설명하지 않으면 공감을 얻지 못한다.

커뮤니케이션 전략을 '설계'했다면, 그다음에는 배경에 대한 '설명'이 필요하다. 물론 효율적인 커뮤니케이션을 위해 나의 설득 내용을 명쾌하게 요점 정리하여 먼저 전달하는 것이 필요하다. 그런데 거기에 그친다면 상대방의 '공감'을 얻을 수가 없다. 사람들은 자기 머리로 이해되지 않은 것을 마음으로 쉽게 받아들일 수 없다.

'설명'에도 기술이 필요하다. 상황을 객관적으로 전달하는 게 아니라 자기의 개인적 입장만 전달하면, 설명이 아닌 '변명'이 된다. 상대방이 알 필요 없는 내용까지 주저리주저리 전달하면 '장황한 사족'이 되고, 상대방이 알아야 할 내용을 충분히 전달하지 못하면 '성의 없는' 설명이 된다. '설명'을 잘하는 것은 생각보다 쉽지 않은 기술이며, 다양한 것을 고려해야 한다. 일단 다음에 제시하는 것은 반드시 고려해야 한다.

- 업무가 반드시 필요한 이유를 설명하는가?
- 그 업무를 하는 이유는 리더의 개인적 상황이 아니라 팀 공통의 업무가 맞는가?
- 해당 업무가 다른 것에 비해 더 중요한 것이 맞는가?
- 업무가 적합한 팀과 개인에게 주어졌는가?
- 리더가 설정한 업무 진행의 기한은 적당한가?

이런 질문은 기획에 동참해야 하는 팀원이 궁금해할 사항이며, 리더는 이에 대한 답을 갖고 있어야 한다.

팀원은 업무 관련해 필요한 정보를 궁금해하기도 하지만, 그 업무에 대한 자기의 감정이나 태도를 질문의 형태로 던지는 경우도 많다. 업무를 회피하는 상황에서 "제가요?" "지금요?" "왜요?" 같은 질문을 던지게 된다. 사실 이런 유의 질문은 가장 답하기 어렵다. 객관적인 배경과 사실을 확인하는 질문이 아니라, 서로의 가치와 우선순위가 갈등을 빚는 상황이기 때문이다. 이런 질문을 받은 리더는 숨 막히는 답답함을 경험할 수도 있다.

리더가 이런 질문을 100% 피할 수는 없다. 사람들은 자기에게 주어지는 업무의 필요성, 목표, 처한 환경, 사용 가능한 자원에 대해 명확한 설명이 없을 때 그 업무에 대한 공감이 생기지 않는다. 그럴 때 그 일을 왜 해야 하는지, 꼭 내가 해야 하는지, 꼭 지금 해야 하는지 등 의심이 더 많이 생기게 된다는 것을 리더는 기억해야 한다.

③ **최종 목표는 설득이다.**

커뮤니케이션을 위한 '설계'와 '설명'이 잘되었다 하더라도, 상대방을 움직이기 위한 마지막 단계가 남아 있다. 바로 '설득'이다. '설계'와 '설명'이 사실적인 상황들을 이해하고 전달하는 단계라면, '설득'은 상대방의 감정과 관련된 단계여서 한층 어려울 수 있다. 설득 역시 기술이며, 반복되는 훈련을 통해 강화될 수 있다.

설득의 기술을 높이기 위해 유의할 점은 무엇일까?

- 리더는 먼저 열정과 자신감을 보여주어야 한다. 상대방은 논리가 아니라 리더의 태도에 설득되는 경우가 많다.
- 이익, 성장, 거래, 약속, 관계 등 상대방이 중요시하는 가치를 알아야 한다.
- 상대방에게 중요한 가치를 존중해주고, 그 가치에 새로운 기획이 부합하는 면을 강조한다.
- 상대방에게 해줄 수 있는 보상을 미리 계산해야 한다.
- 설득을 위해 약속하는 것들은 반드시 지켜야 한다.

사람들은 그 일이 필요하다는 것을 머릿속으로 받아들이더라도, 그 사람과 함께해야 한다는 것을 마음으로 못 받아들여서 그 일을 하기 싫은 경우도 있다. 그래서 '설득'은 리더가 평상시에 축적한 신뢰가 절대적으로 중요하다. 리더의 전략과 판단을 따랐더니 좋은 결과가 나오는 일이 지속되는 경우, 그 리더는 팀원 및 동료와 큰 어려움 없이 커뮤니케이션하고 설득할 수 있다. 이와는 반대로 나쁜 결과가 나오는 일이 지속되는 경우, 그 리더는 팀원과 동료의 신뢰를 얻지 못하고 설득력을 잃게 된다. 이런 조건에서는 커뮤니케이션을 위한 '설계'와 '설명'에 더 많은 노력을 기울여야 한다.

상황적 리더십, 동료와 함께 성장하는 법

동료와 협력하는 상황에서는 대체로 기획을 발안한 내가 동료보다 한두 단계 앞서 생각한다. 그래서 나는 특정한 목표를 이미 설정하고 있고, 그 목표를 달성하기 위한 방법에 초점을 맞추게 된다. 그 결과, 동료에게 내가 생각한 목표를 달성하기 위한 구체적인 과제와 방법을 전달한다. 그러나 이런 경우, 상대방은 정해진 목표 달성을 위해 주어진 방식을 단순히 수행해야 하는 수동적 자세를 취하게 된다. 표면적으로는 효율적으로 보이지만, 동료가 더 좋은 목표와 방법이 있더라도 자율적으로 진행하고 싶은 요인이 없어진다.

그래서 동료와 협력할 때는 실천의 방법이 아닌 목표를 얘기해야 한다. 물론 내 입장에서 볼 때 목표는 너무 당연하고, 구체적인 방법에 대해서도 내가 많이 고민한 것이 맞지만, 함께 일하려면 동료가 목표를 이해하고 본인에게 가장 적합한 방법을 스스로 찾아낼 때까지 여유를 주어야 한다. 그래야 동료가 자율적으로 본인의 역량을 최대한 발휘하고, 내가 생각하지 못한 더 효율적인 방법을 찾아낸다.

이런 이상적인 상황두 상대방에 따라 달라진다. 누군가는 믿고 맡긴 일을 엉망으로 하기도 하고, 또 누군가는 업무를 자세히 가르쳐주는 것을 지나친 간섭으로 받아들이기도 한다. 이럴 때는 '상황적 리더십 situational leadership'을 고려해야 한다. 하고자 하는 의욕과 할 수 있는 역량을 기준으로 팀원을 구분하여 각각에 어울리는 리더십을 발휘하라는 말이다.

상대가 의욕과 역량이 모두 낮다면 어떻게 해야 할까? 이런 경우 업무를 단순하고 구체적으로 쪼개며, '지시' 또한 구체적으로 내려 하나하나의 성취를 확인해야 한다. 이때 작은 단위의 업무에 즉각적이고 구체적인 피드백이 필요하다. 작고 단순한 업무를 달성하는 성공 경험을 반복하게 함으로써 의욕과 역량을 키워주는 것이 필요하다.

상대가 의욕은 있으나 역량이 부족한 경우도 있다. 이때는 업무에 대한 '설명'이 중요해서, 업무의 다양한 의미와 변수를 체험하게 해줘야 한다. 한마디로, 업무를 깊이 있게 하도록 해야 한다. 여기에 도움이 되는 방식은 규모가 어느 정도 되는 중요 업무를 담당하게 하여 반복적으로 수행하도록 하는 것이다.

반대로 상대가 역량은 있으나, 반복적인 일상으로 의욕을 상실해가는 경우도 있다. 그럴 때는 의사 결정 과정에 '참여'시키는 것이 중요해서, 상대에게 다양한 정보를 공유해주고 그의 아이디어를 끌어내야 한다. 이를 통해 상대가 점점 더 독립적인 리더로 성장할 것이다.

상대가 역량과 의욕을 모두 가졌다면 가장 이상적인 상황일 것이다. 그렇다면 상대에게 어느 정도의 책임과 권한을 부여하고, 독립된 기획이나 사업을 '자율'적으로 추진해 나갈 기회를 주어야 한다. 비전을 공유하고 상대가 역량을 최대한 발휘할 수 있도록 지원해줘야 한다.

현장의 리더들이 팀원들, 동료들을 어떻게 대해야 할지 어려워하는 경우가 점점 늘고 있다. 회사가 부여한 권위와 지위에만 의존해서는 리더십을 발휘할 수가 없고, 주변과 갈등만 생기기 쉽다. 그런 환경에 처해서 어려움을 겪어본 리더라면, 특히 새로운 업무를 기획하고 추진하는 과정에서 동료들과 끝없이 커뮤니케이션하는 리더라면, 상대의 수준에 맞는 적절한 커뮤니케이션 스킬이 매우 유용하다.

결국 중요한 건 진정성이다

동료와 협력하는 것이 너무 어려울 때가 종종 있다. 그럴 때 상대에게 "지금 해결되지 않는 문제가 있는데, 어떻게 해야 할까요?" 하고 정말로 단순하게 질문을 던져보길 권한다. 사람은 질문을 받으면 대답을 하려는 습관이 있다. 따라서 내가 던져본 질문에 상대는 이미 함께 답을 찾고 있을 것이다. 물론 모든 경우에 내가 생각지도 못한 지혜를 주지는 못한다. 그러나 내가 갖지 못한 관점을 주는 것 역시 내 주변의 동료일 때가 많다. 최소한, 나의 문제를 하나의 단순한 질문으로 표현하면서 나 스스로 다시 한 번 그 문제의 속성을 정리하게 된다.

동료의 도움을 얻을 때에도 좋은 방법이 있다. 이 문제가 정말 중요하고, 상대에게 도움을 청하기 이전에 수많은 고민과 시도를 했으며, 상대의 도움이 절실하다는 점을 알게 하는 것이다. 그러기 위해서는 지금까지 내가 고민하고 시도했던 것을 이야기로 들려주면 좋다. 그러면, 상대는 도움을 요청한 사람의 수고에 비해 자신이 잠시 시간을 내고 도와주는 것은 큰 부담이 아니라고 느끼게 된다. 또 누군가가 해결을 위해 이미

많은 땀을 흘린 문제라는 생각에, 자신도 시간과 노력을 투자하기에 아깝지 않은 중요한 문제라고 여기게 된다.

도움을 요청하는 사람이 그 문제에 대해 얼마나 진지하고 절실하게 느끼고 있는가를 '진정성'이라고 표현할 수 있을 것이다. 그런 진정성이 있을 때, 상대는 도움을 주면서 스스로 뿌듯해한다.

단 한 명이 한 번에 생각해낸 해결책과 솔루션은 거의 없다. 내가 던진 실마리에 나의 동료가 살 한 점을 붙이고, 거기에 내가 뼈 한 조각을 끼워 맞추는 공동 작업을 통해 더 좋은 방법으로 나아갈 때가 많다. 사실 다른 사람의 도움을 얻는다는 것은 번거롭기도 하고 어렵기도 하다. 그러나 그 한계를 넘지 못하는 사람은 언제까지나 자기 생각의 수준에 갇혀 있을 수밖에 없다. 그런 사람을 우리는 "시야가 좁다." "생각이 닫혀 있다."라고 평가한다.

저마다 고유의 취향과 니즈를 가진 동료는 내 기획의 최초 고객으로, 내 기획을 소비하는 입장에서 장단점을 객관적으로 말해줄 수 있다. 그 동료는 그 기획을 같이 해야 하는 생산자이기도 해서, 생산자 입장의 판단을 해줄 수도 있다. 생산자 입장에서 이 기획이 실패 없이 진행될 수 있을지 리스크를 확인해줄 수 있다.

거듭 말하지만, 동료를 설득하지 못하는 기획은 고객에게 전달될 수가 없다. 동료를 가장 중요한 고객이자 가장 가까운 파트너로 여기며 설명하고 설득하는 과정을 반드시 거쳐야 한다.

내부 설득 커뮤니케이션 윈윈 전략 5

　　매일 얼굴을 맞대고 사는 같은 팀 동료를 설득하는 것도 어려운데, 이해관계가 대립하는 조직이 맞서는 업무 진행은 차원이 다르다. 각 조직의 미션을 수행하고 조직원의 생계를 책임져야 하는 조직장들 입장에서는 다른 부서에 대한 "양보"가 자칫 "패배"로 인식될 수 있기 때문이다.

　　종합상사의 일원으로 일할 때부터 기획사의 대표가 된 지금까지 수많은 일을 겪은 조 대표. 그에게도 대화와 회의를 통해 동료를 설득하고 이끌어가는 일은 결코 쉽지 않다. 그러나 다양한 성공과 실패를 거쳐오면서 조 대표는 동료를 설득하는 자신만의 몇 가지 원리를 갖추게 되었다.

　　저명한 연구자나 세계적인 경영자의 지혜는 아니지만, 조 대표가 20년 넘게 현장에서 부딪히며 얻어낸 경험인 만큼 공감의 여지가 있을 것이라 기대한다.

　　① 서로가 함께 느끼는 문제에서 시작하라.

　　'멀티테이너'라는 개념을 스컬에게 처음으로 꺼내던 때가 기억난다.

조 대표의 입에서 처음 나온 단어를 이해하기 위해 스컬은 수 분의 시간이 필요했다. 완벽한 이해가 되지 않았던 그 수 분 동안 스컬은 답답하고 불쾌했으며, 그래서 멀티테이너라는 새로운 개념을 제대로 이해하기도 전에 부정적인 생각부터 들었다. 그냥 기존에 잘 알고 있던, 익숙한 것들을 얘기하고 싶었다.

조 대표는 스컬의 그러한 반응을 충분히 예상하고 있었다. 돌이켜보면, 종합상사 시절 새로운 사업을 제안할 때나 중남미에서 새로운 아이템 수입에 도전하던 대부분의 순간이 마찬가지였다. 조 대표의 머릿속에서 아무리 숙성된 기획이더라도, 그것이 세상에 언어로 표현되는 순간 상대방에게는 낯설고 이해되지 않아서 부정적 감정을 자극하는 계기가 되기 쉬웠다. 때로 조 대표의 머릿속에서 오래 숙성되어 완성도 높게 나오는 기획인 경우에 오히려 상대방은 더 이해하지 못했다. 이때는 조 대표도 답답하긴 마찬가지였다.

그럴 때 가장 좋은 방법은 상대방도 느끼고 있는 우리의 문제에서 출발하는 것이다. 종합상사 시절 조 대리는 "반도체 생산 설비가 바뀌면 지금 우리가 판매하는 반도체 화학물 역시 판로가 막힐 텐데, 새로운 아이템을 찾아야 하는 것 아닌가요?"라는 말에서 시작했다. 그 질문의 끝에 새로운 사업 아이템을 이끌어내는 결과가 있었다.

이번 멀티테이너 얘기도 마찬가지였다. 조 대표는 스컬에게, 그리고 다른 아티스트들에게 멀티테이너 얘기를 할 때면 항상 이 말부터 꺼냈다.

"우리만의 아티스트 발굴 전략이 없으면 거대 기획사들 틈바구니에서 살아남을 수 없어."

이 얘기에 동의하지 않는 상대방은 없었다. 그리고 이런 문제의식 하나로 벌써 상대방과 나는 같은 배에 탄 동료임을 확인할 수 있었다.

② 같은 주제로 최소한 3회 얘기할 마음의 준비가 필요하다.

종합상사에서 처음 커리어를 시작하던 어린 '조 사원'은 성격이 급했다. 자기 머릿속에서 충분히 개발한 아이디어를 내놓을 때 상대방이 냉담한 반응을 보이면, '나의 기발한 아이디어를 이해하지 못하는 평범한 사람들'에게 답답해하며 화날 때도 많았다. 그러나 수많은 경험으로 노련함을 갖춘 '조 대표'는 자기 말을 이해해주지 않는 상대방을 보며 제풀에 먼저 흥분하지 않는다. 오히려 처음 듣는 상대방이 자신의 생각을 이해하기 어려운 것은 자연스러운 일이라고 인정하게 되었다.

스컬, 쿤타, 주광일 같은 아티스트에게 비즈니스적인 이야기를 하는 경우는 더욱 그렇다. 감성과 직관이 특별히 발달한 아티스트에게는 대화할 때 몇 초간이라도 이해가 되지 않으면 마음의 문이 닫혀버리는 경우가 많다는 것을 조 대표는 알고 있었다.

그런 사람들을 이끌어야 하는 리더로서 조 대표는 스스로 먼저 지치지 말자고 자주 다짐한다. 그들에게는 새로운 개념이 익숙해지는 시간이 필요하고, 그 익숙해지는 시간을 위해 최소한 세 번은 같은 얘기를 반복할 것이라고 스스로 약속한다.

실제로 이러한 접근법은 상당히 도움이 되었다. 아티스트들은 처음 얘기할 때보다 두 번째에, 두 번째 얘기할 때보다 세 번째에 조금씩 더 깊이 이해했으며, 감정적으로 수용하는 정도도 더 높아졌다. 물론 이를 위해 첫 번째, 두 번째, 세 번째 만날 때마다 조 대표는 수많은 비유와 사례를 통해 멀티테이너라는 새로운 개념을 이해시키려고 최선을 다했다.

③ 새로운 기획의 좋은 점, 나쁜 점을 명확히 밝힌다.

새로운 기획을 말할 때 기획자는 최대한 객관적 자세를 취해야 한다. 자신의 기획에 도취해 스스로 완벽하다고 착각하는 경우, 그 마음은 겉으로 드러날 수밖에 없어서 상대방에게 오만하다는 인상을 주게 된다. 따라서 상대방에게 논리적으로 타당한 기획이라도 심리적으로 도와주고 싶은 마음을 사라지게 한다. 그렇다고 비굴할 필요는 없다.

내가 만든 기획에는 최대한 객관적 자세를 취해야 한다. 모든 기획은 장점과 단점이 있을 수 있다. 특히 단점을 객관적으로 인식하고 있다면, 그 기획을 듣는 상대방에게 '기획자가 객관적으로 상황을 인식하고 있구나.' 하는 신뢰를 줄 수 있다.

때로 예상되는 단점을 말했을 때 상대방이 해결책을 내놓기도 한다. 그러면 상대방을 새로운 기획으로 끌어들이는 작업은 거의 성공한 것이나 다름없다.

조 대표는 이번 기획에서도 그러한 것을 느꼈다. 멀티테이너 후보생을 양성한 후 어떻게 활용할지를 고민하고 있을 때, 아티스트들이 먼저 본인의 퍼포먼스에 멀티테이너들을 활용해보자는 아이디어를 냈다. 그 순간이 되면 조 대표 한 사람만의 기획이 아니라 팀 전체가 함께 만드는 기획이 된다.

④ 동료에게 기대하는 수준을 관리해야 한다.

동료와 함께 일할 때 가장 좌절할 때가 언제일까? 조 대표는 함께하는 동료들이 자기만큼 새로운 일에 열정을 보여주지 않을 때 쉽게 좌절한다고 한다. 그런 조 대표가 마음 깊이 새긴 지침이 하나 있다. 바로 "혼자라도 하겠다는 결심이 서기 전까진 다른 사람에게 권하지 말라."이다.

종합상사 시절 팀장이었던 임 부장님이 자주 하던 말이다. "너희가 안 도와주면, 나 혼자라도 할 거야. 그런 결심이 없었으면 처음부터 얘기하지도 않았어." 상사인 임 부장님이 지시하는 것은 언제나 최선을 다해 수행했던 조 대리는 그런 임 부장님의 말에 섭섭하기도 했다. 상사의 지시에 누구보다 성실하게 수행하는 팀원들에게는 어울리지 않는 말 같았다.

조 대표는 자기 사업을 이끌면서 옛날 임 부장님의 말을 이해하게 되었다. 함께 일하는 직원들이, 동료들이 아무리 열심히 일해준다 해도 항상 아쉬운 점이 먼저 눈에 보였다. 그렇다고 게으르거나 실력이 모자란 사람들도 아니었다. 각자 제 나름대로 최선을 다해 일하고 있었다. 그러나 조 대표가 100% 만족하는 순간은 별로 없었다.

함께 일하는 동료들에게는 각자에게 중요한 일이 있다. 내가 얘기하는 새로운 기획은 그들이 이미 갖고 있는 수많은 일 사이에서 제 나름의 우선순위를 배정받는다. 나에게는 1순위인 일이 상대방에게는 1순위가 아닌 경우가 많다. 내가 리드하는 기획은 내가 다른 동료보다 자신 있고 잘하는 분야인 경우가 많다. 그래서 나에게는 쉽게 보이는 일이라도 상대방에게는 어렵고 복잡하게 보이는 상황이 분명 존재한다. 때로는 상대방이 가진 재능과 관심 사항이 내가 요구하는 업무에 가미되어서 오히려 원하지 않는 결과를 만들어낼 수도 있다.

이와 같이 아주 다양한 이유로 동료가 일하는 것이 만족스럽지 않은 경우가 발생한다. 조 대표에게는 스스로 지키는 원칙이 있다. "상대방에게 100%를 기대하는 것은 바보다. 80%만 나와도 다행이다. 항상 불완전한 결과가 나올 것을 예상하고 대비하는 것이 기획자의 숙제다." 그렇지 않으면 기획자가 먼저 지치고 포기하게 되기 때문이다.

⑤ 내가 어떤 사람인지 잊지 않는다.

나 자신이 어떤 사람인지 객관적으로 파악하는 사람은 흔치 않다. 그것을 알고 다른 사람과의 관계에서 조심하는 사람은 더욱 적다. 아무리 MBTI나 성격 검사가 유행하더라도 자신의 성향을 겸허히 인정하기란 쉽지 않다.

그래서 한 사람의 생각보다는 여러 사람의 생각이 좋다는 것을 머리로는 알지만, 막상 눈앞에서 내 의견에 바로 찬성하지 않는 동료들을 보며 실망하기가 쉽다. 더 심각하게는, 의견이 다른 것을 갖고 인간적 신뢰가 부족하다고 느끼기까지 한다. 이래서는 서로 의견을 말하고 합의점을 찾아가는 것이 쉽지 않다.

조 대표가 다음과 같이 제시하는 가이드가 당신에게도 도움이 되길 바란다.

"저는 항상 회의하기 전에 제 성격 유형을 상기합니다. 저는 외향적이고 충동적이고 확장형 사고를 하는 스타일입니다. 그래서 리스크에 주저하기보다는 새로운 것에 도전하는 편입니다. 한편 다른 사람들의 성격 유형 또한 상기합니다. 저보다 덜 외향적이고 저보다 더 리스크에 민감한 사람들이 많다는 사실을 회의하기 전 되새깁니다. 그러면 상대방이 제 의견에 즉각적으로 찬성하지 않더라도, 상대방이 아닌 저의 의견을 다시 고치게 됩니다. 상대방이 나를 존중하지 않는 것이 아니라 나와 다르게 생각하는구나 하고 깨닫게 되면, 상대방과 대화하는 상황이 더욱더 좋아집니다."

계약, 파트너를 상상에서 현실로 데려오자

　세계를 무대로 원 없이 달렸던 상사맨 시절부터 '계약'이라는 단어는 조 대표에게 특별한 의미였다. 사업을 기획하고 진행하는 단계에서 '계약' 이전까지는 마음속으로 내 사업을 이렇게 저렇게 꾸며보기가 가능하다. 동료들과의 기획 단계도 마찬가지다. 서로의 아이디어를 더하며 사업을 마음껏 가꾸어 나간다. 재밌는 단계다. 그런데 그것을 넘어 '계약'을 체결하게 되면, 그다음부터 사업은 나를 무섭게 몰아붙이는 채찍과 같아진다.

　그 변화는 경험해보지 않은 사람은 모를 것이다. 조 대표가 외국의 어떤 제품을 소싱했을 때, 그 제품이 정말 매력적이면 국내 유통업자들이 먼저 연락해오기도 했다. 서로 수만 단위를 팔 자신이 있다고 큰소리치기까지 했다. 그런데 막상 최소 판매 단위를 정하고 판매 실적에 대한 이익 분배와 패널티까지 넣어서 계약서를 작성하고자 하면, 많은 사람이 한 발짝 뒤로 물러났다. 계약 전 큰소리치던 사람들이 갑자기 현실적으로 줄인

물량을 조심스럽게 제안할 뿐이었다.

조 대표는 계약이 갖는 그런 힘 때문에 사업의 세계를 둘로 나누어 보게 되었다. 즉 파트너, 바이어, 공급자, 고객과 계약이 이루어지는 단계를 기준으로 이전은 상상의 세계, 이후는 현실의 세계로 구분했다.

대기업을 나와 소규모 기업을 이끌어가면서 비즈니스 파트너의 존재가 사업 운영에 얼마나 큰 힘이 되는지 뼈저리게 느끼고 있는 조 대표. 그런데 사업 초기에는 성공을 보장해줄 것 같았던 파트너들이 그 약속을 끝까지 지킬 수 없는 경우가 더 많았다. 처음에는 서로 뜻이 같고 이해관계가 일치하다가, 상황이 변함에 따라 서로가 추구하는 방향이 달라져서 그럴 수도 있다. 또 한쪽이 큰 위기에 빠져서 약속을 지킬 능력 자체가 사라져서 그러는 경우도 잦다.

우수한 파트너들을 지속적으로 발굴하고 서로의 이해관계를 계속 맞춰가는 일은 사업 진행의 핵심이다. 더 나아가 이런 파트너 관계는 '계약'이라는 형식을 갖춰놓아야 한다. 그렇지 않으면 그 관계는 언제 해체해도 조금도 이상하지 않다.

서로의 권익을 지키기 위한 최소한의 보험

전 세계 바이어와 생산자를 상대로 일했던 종합상사 시절부터 조 대표는 계약서의 무서운 의미를 많이 경험했다. 제품을 수출할 때 다양한 선적 조건, 배의 규모부터 포장지 규격에 이르기까지 수많은 조건 중 한두 개를 어긴 것 때문에 수십 억, 수백 억의 손해가 발생하는 경우를 수없이 보았다. 경기가 좋고 수요와 공급이 원활한 상태에서는 사소한 실수는 원만한 합의로 해결하는 경우도 있었다. 그러나 환율의 급변, 경제 위기 등 예기치 못한 변수가 생겨 대규모 손익이 예상되는 경우 계약서 한 장에 수십 억, 수백 억이 왔다 갔다 하는 일이 생겼다. 그럴 때마다 담당자들은 며칠간 불면증에 시달리며, 이런 일을 지속해야 하는지 심각한 회의에 빠지곤 했다.

조 대표 주변에도 계약 때문에 울고 웃는 사람들이 부지기수였다. 정말 믿을 만한 고향 선배의 권유로, 그 선배가 운영하는 골프장에서 식당을 운영한 사장님이 있었다. 서로 믿는 관계였기 때문에 복잡한 부동산 계약서는 생략했다. 그 골프장이 잘되고 식당 매출이 오를 때는 전혀 문제가 없었다. 그러나 1년이 되지 않아 골프장이 경영 위기로 다른 사람의 손에 넘어가게 되었는데, 정식 계약서가 없었던 그 사장님은 식당 영업에 대한 어떠한 권리도 보장받지 못하고 수억 원을 투자한 모든 설비를 그대로 넘겨야 했다.

계약의 의미가 무서운 것은 사자레코드에서도 마찬가지였다. 음반 기획, 제작, 영상, 마케팅 등 매 단계마다 수많은 파트너와 협업할 필요가 있었다. 대부분의 파트너는 처음에 자기 능력을 부풀리고 좋은 조건을 제시하며 접근한다. 그러다가 조 대표가 계약서를 작성하고, 그 내용에 엄격한 준수와 패널티 관련 사항이 들어간 것을 확인하는 단계에 오면, 그들은 보수적이고 신중한 모습을 보인다. 진정한 실력과 의지는 계약서 앞에서 비로소 그 모습을 드러낸다.

손해 보지 않는 계약서 체크리스트 8

조 대표는 아직도 작년에 함께 공연했던 가수 K를 생각하면 기분이 좋지 않다. 그가 TV에 나와 아무것도 모르는 척 순진하게 얘기할 때마다 그 이중성에 몸서리친다.

작년 L시에서 열렸던 세계 케이팝 축제. 조 대표는 L시의 행사를 대행하는 큰 계약을 성사했다. 코로나 시국에 흔치 않은 대형 축제였고, 조 대표는 최고의 아티스트들로 라인업을 구성하려고 몇 달 전부터 유명 아티스트들과 스케줄 전쟁을 벌였다. 그래도 조 대표의 열심이 보답을 받았는지, 축제의 마지막 날 폐막식에는 최고의 가수들을 초대할 수 있었다. 그 중에서도 K는 L시에서 행사 기획 때부터 요청한 인기 가수였다.

그런데 문제는 가수 K가 축제 당일 다른 지역의 대학에서 열리는 축제에도 출연하기로 약속한 것이었다. K 측 관계자는 처음에 미안하지만 불참하겠다고 했다가, 조 대표 측에서 완강히 항의하자 행사 초반 15분만 출연하겠다고 했다. 조 대표는 충격이 컸다. 행사 초반 15분은 관객이 제대로 모이지도 않는 시간이었다. 조 대표는 행사 마지막을 장식해주기로 했던 계약서 내용의 이행을 즉각 요구했다. 그러나 다른 대학에서 거의 단독 무대를 섭외받은 K 측도 만만치 않았다. 그때부터는 계약서 문구 하나하나를 갖고 양측의 무서운 싸움이 전개되었다.

먼저 조 대표가 얘기한 것은 신의 성실의 원칙이다. 계약 당사자는 L시의 행사가 잘 진행되도록 서로 최선을 다한다는 중대한 약속을 지키라고 요구했다.

K 측은 작은 문구 하나하나를 물고 늘어졌다. K가 행사를 준비하는 데 충분한 지원을 한다는 내용이 계약서에 있는데, L시에서 제공한 숙소가 K의 기준에 미달이었으며, 제대로 된 연습 공간도 확보되지 않았다는 점에 문제를 제기했다. 지원에 최선을 다한다는 약속을 먼저 어긴 쪽은 조 대표 측이라는 주장이었다. 무엇보다도 함께 동행하는 댄스팀원들이 묵을 숙소가 준비되지 않은 것에 심각한 문제 제기를 했다.

조 대표 측은 댄스팀원들이 K가 별도로 외부에서 고용한 인원이기 때문에 K의 원 소속사 직원들에 대한 원래의 지원 범위에는 포함되어 있지 않았다고 반박했다. 그러나 K 측은 댄스팀원이 올 것을 충분히 예상할 수 있었는데 이에 맞는 준비를 하지 않은 건 조 대표 측 실수라고 강하게 공격했다.

조 대표는 행사 진행을 원안대로 진행하지 않으면 위약금을 청구할 수밖에 없다고 최후통첩을 날렸으나, K 측은 조 대표 측의 사전 준비 미흡이 명확하기 때문에 자신들의 책임이 아니라는 입장만 고집했다. 초반 15분 출연을 받아들일 것인가, 아니면 그것마저 취소할 것인가를 놓고 선택하라는 말이었나.

조 대표는 초반 15분 출연을 결정할 수밖에 없었다. 결과는 조 대표가 예상한 대로였다. 기대를 가장 많이 받은 가수가 제일 먼저 등장해 공연을 짧게 하고 빠졌으니, 그다음부터 행사는 김이 빠질 때로 빠졌다. 중간에 빠져나간 관객이 다수였고, L시에서는 그 책임을 조 대표에게 물었다.

작년에 그 일을 겪으면서, 조 대표는 계약서 조항 하나하나를 더 신중히 다루게 되었다. 그가 오랫동안 현장에서 계약서를 다루며 얻은 주요 노하우를 소개한다. 당신에게도 유용한 체크리스트가 되길 바란다.

① '~ 등', '일체', '필요한 것', '요구하는 것'과 같이 애매한 표현은 절대 금물이다.

계약 당사자들 사이에 문제가 가장 많이 일어나는 부분이다. 요구하는 쪽은 최대한으로, 응대하는 쪽은 최소한으로 해석하는 지점이다.

② 소유권, 책임, 권한의 이동 시점과 조건은 가장 명백하게 해야 한다.

물건을 거래할 때는 계약서에 서명하는 때, 물건을 발송하는 때, 입금하는 때, 물건을 받는 때 등 몇 가지 시점이 있다. 과정 중에 물건이 파손되거나 도난당하는 일은 흔하다. 특히 국제 무역에서는 100%로 이런 일이 생긴다. 소유권이 이동하는 시점을 분명히 하라.

③ 받을 돈은 최대한 빨리 받게, 줄 돈은 최대한 늦게 주게 한다.

사업을 잘해도 자금 운영에 실패하면 사업이 죽는다. 그런 것을 흑자도산이라고 한다. 물론 상대방도 같은 입장이기에 나만 빨리 받고 늦게 주는 것이 쉽지만은 않다. 그러나 1일 차이로 부도의 위기가 생기는 것이 현장임을 잊어서는 안 된다.

④ 환율, 금리처럼 변동이 생기는 수치는 반드시 헤징한다.

환율, 금리를 예측하는 것은 불가능하다. 그 변동에서 이익을 취하려고 욕심내지 말고, 그 위험을 반드시 헤징해야 한다. 당신이 금융투자자가 아니라 일반 사업가나 기획자라면 반드시 헤징하라.

⑤ 계약서상의 의무, 위반 시 패널티를 구두로 표현할 수 있어야 한다.

말로 표현하지 못하는 내용은 내가 이해하지 못한 것이다. 당신이 한 기업의 대표이거나 한 프로젝트의 담당자라면, 그 계약서의 핵심 내용을 다른 사람에게 설명할 수 있어야 한다. 자신이 설명하지 못하는 것 자체가 이미 사고다.

⑥ 약속, 관습, 관행, 전례는 절대로 계약이 아니다.

상대방이 의도적으로 나를 속이려 하는 것이 아니라, 상대방조차 어쩔 수 없을 때도 생긴다. 어떠한 상황이든지 간에 약속, 관습, 관행, 전례는 순식간에 무용지물이 될 수 있다. 불가피한 경우라면 약속, 관습, 관행, 전례대로 사업을 진행한다는 내용을 명문화하여 계약서에 넣어야 한다.

⑦ 계약은 끝이 아니라 시작이다.

계약했다고 해서 모든 것이 계약한 대로만 진행되면 비즈니스가 얼마나 쉬울 것인가? 현실은 결코 그렇지 않다. 양측의 의도와 달리 외부 조건이 어려워지는 경우가 너무나 많다. 계약을 넘어서, 이후에 생기게 될 수많은 변수를 대응할 에너지가 있어야 한다.

⑧ 법률 전문가의 확인을 이용하라.

당신이 정말 중요한 계약을 준비 중이라면, 반드시 법률 전문가의 검토를 받는 것이 좋다. 기업 내부에 법무팀이 있다면 반드시 계약서 검토 단계를 거치고, 그렇지 않다면 외부 전문가의 도움을 받아야 한다. 계약서상의 사소한 실수로 몇백만 원에서 몇천만 원쯤은 쉽게 날릴 수 있다는 것을 감안하면 반드시 밟아야 할 절차다.

조 대표를 비롯한 모든 회사원, 경영자, 기업인이 계약서 관련해서는 저마다 이야기보따리가 한가득할 것이다. 혼신의 힘으로 계약서 한 장을 체결한 사람이라면 다음과 같은 조 대표의 말에 공감할지도 모르겠다.

"호랑이는 죽어서 가죽을 남기고, 사람은 죽어서 이름을 남기고, 사업은 죽어서 계약서를 남긴다."

마케팅, 끊임없이 대중과 교감하라

'멀티테이너'는 사실 조 대표가 대형 기획사처럼 아이돌 연습생을 키울 수 없는 자사의 한계를 극복하려고 절박한 심정으로 선택한 전략이었다. 이를 통해 사자레코드는 엔터테이너를 확보하고 인플루언서는 자기 꿈을 실현하는 윈윈 효과를 일으킬 것이라 생각했다. 그런데 어느 순간 더 근본적인 질문이 조 대표를 괴롭히기 시작했다. 과연 이 프로젝트를 통해 대중에게 다가갈 수 있을까? 대중은 우리의 작업을 받아들여줄 것인가?

기술이 발달하고 자본이 축적됨에 따라 이 세상에는 없는 제품이 없고 안 되는 서비스가 없게 되었다. 그래서 기업은 제품과 서비스를 만드는 것만큼 대중에게 알리는 데에 집중한다. 거대한 글로벌 기업이 생산보다는 대중과의 소통을 기업의 핵심 역량으로 설정하는 사례도 많다. 어떤 사업을 기획하고 진행하는 일에서 그 성패를 결정짓는 가장 핵심적인 부분 역시, 그 사업을 대중에게 얼마나 잘 전달하는가에 달려 있다. 이런 대중과의 소통은 마케팅 영역이다. 지금은 실로 마케팅이 지배하는 세상이다.

어떤 게임을 할 때, 그 게임을 어떻게 정의하느냐에 따라 채택하는 전략이 달라진다. 같은 축구를 하더라도 골을 많이 넣는 게임으로 정의하는 팀과 골을 많이 안 먹는 게임으로 정의하는 팀은 경기에 임하는 전략이 같을 수가 없다. 마케팅도 마찬가지다. 마케팅을 무엇으로 정의하느냐에 따라 그것에 임하는 생각과 전략이 결정된다.

그렇다면 마케팅은 무엇인가? 과거의 마케팅이 기업의 제품과 서비스를 대중에게 알리는 것에 치중했다면, 현재의 마케팅은 대중의 니즈를 파악하는 것의 중요성을 강조한다. 그렇다면 마케팅이 '알림'에서 '대화'로 진화하고 있다고 생각할 수 있지 않을까?

마케팅을 전문적으로 하는 기업과 전문가가 있다. 이들은 광고 및 홍보 매체와 강한 네트워크를 맺고 있으며, 대중에게 인식되는 메시지를 만들어내는 능력이 탁월하다. 이들에게 마케팅을 맡기는 것이 좋은 방법임은 분명하다. 하지만 그럴 만한 환경에 있는 조직이나 개인은 별로 없다. 대형 기획사에 비해 모든 자원이 부족한 상황인 조 대표 역시 마찬가지다. 그런 조 대표는 어떻게 이런 상황을 극복하고 마케팅의 전쟁터에 뛰어들었을까?

① 마케팅의 대상을 정하고, 그들의 삶을 관찰하라.

쿤타의 음악과 조광일의 음악은 분명히 다르다. 당연히 그들의 음악을 찾는 사람들 역시 서로 다르다. 쿤타의 음악을 찾는 사람들은 누구일까? 쿤타가 표현하는 가사를 이해하고 공감할 만한 삶의 굴곡과 경험을 가진 사람들이다. 나이로는 30대 정도. 이래저래 도전했던 인생의 과정에서 어느 정도 실패도 경험하고 때로 성공도 경험한 사람일 것이다. 마흔을 향해 달려가는 나이지만, 아직 뭔가 해놓은 게 확실하지 않아서 불안한 사람. 그래도 지금까지 나의 길을 열심히 살아온 자신을 위로하고 응원해주고 싶은 사람. 아마 늦은 시간에 귀가하면서 하루를 돌아보는 중소기업 과장님이 전철에서 들으며 다시 파이팅을 해보자는 그런 모습이지 않을까?

반면에 조광일의 음악을 찾는 사람들은 아직 세상에서 기회를 가져보지 못한, 세상의 벽에 부딪혀보고 싶지만 가진 것도, 지식도, 배경도 없이 좌절하기 직전의 젊은이일 것이다. 그 답답한 마음을 조광일의 입을 통해 쏟아놓고 싶은 격한 충동을 느끼는 사람이다. 답답한 마음에 한강 공원을 무작정 뛰어다닌 후 땀범벅이 된 모습으로 음악을 듣는 20대 초반의 젊은이가 생각났다.

이와 같이 조 대표는 대중에게 전달할 메시지를 만들면서, 대중이라는 보이지 않는 관념적 대상이 아니라, 어제오늘 길거리에서 마주쳤을 만한 사람들을 구체적으로 떠올려보기 시작했다.

당신이 첨단 IT 기술을 바탕으로 혁신적인 서비스를 개발한 사업가라고 생각해보자. 아주 중요한 투자자를 만나 투자를 유치하려고 한다. 그 투자자가 반드시 던지는 질문 중 하나는 바로 "그 서비스의 대상은 누구입니까?"라는 것이다.

MZ세대, X세대, 골드실버 등 우리가 흔히 듣는 사회적 집단은 "서비스의 대상이 누구입니까?"라는 질문의 답일 수 있다. 처음에는 사회학적 현상에서 발생한 언어가 마케팅과 결합하면서 일반화되기도 하고, 처음부터 마케팅 목적으로 대중을 구분한 것이 사회적 현상으로 강화되기도 한다. 그럼 이렇게 유사한 특성에 따라 특정 집단으로 대중을 구분하는 것이 필요한 이유는 무엇일까?

한 개인이나 조직이 세상의 모든 문제를 해결할 수는 없다. 세상의 모든 대중을 자신의 고객으로 만들 수도 없다. 그래서 어떤 특정 집단을 대상으로 마케팅을 하는 것이 일반적이다. 내가 제공할 수 있는 제품과 서비스를 가장 원하고 필요로 하는 집단을 선정하여 그들과 대화하는 편이 합리적이기 때문이다.

그런데 여기서 주목할 점은, 어떤 제품과 서비스를 선택한 고객은 그것을 사용한 이후에는 다른 대중에게 메시지를 전달하는 마케팅 요원이 된다는 것이다. 그래서 다른 사람들이 선망하고 호감을 가질 뿐 아니라, 다른 사람들에게 영향을 많이 주는 집단을 타깃으로 삼아 제품과 서비스를 개발하는 경우가 많다. 어느 정도 소득이 보장되고, 젊고, 활동적인 사람들이 마케팅의 대상으로 자주 선정되는 이유는 그들을 통해서 더 많은 대중에게 다가가기 위해서다.

그래서 기획 담당자들은 자기의 사업, 제품, 서비스의 대상을 구체화할 필요가 있다. 그런데 대상을 정한다는 건 생각보다 어려운 일이다. 당신이 MZ세대, X세대 같은 거대 집단을 대상으로 삼으면, 대상을 정하는 의미가 약해진다. MZ세대, X세대 자체도 정말 수많은 다양한 집단으로 세

분화되기 때문이다. 어떤 의미에서 MZ세대, X세대를 목표로 한다는 것은 그냥 '대중'을 목표로 한다는 것과 별반 차이가 없을 수도 있다. 반면에 '○○구에 거주하며 취업을 준비하는 25~30세 남성 청년'을 대상으로 하는 경우 시장이 너무 작아질 수 있다. 거기에 해당하는 인구는 한계가 있기 때문에, 대규모로 사업을 키우는 데 적합하지 않을 가능성이 크다.

결국 마케팅 대상을 정한다는 것은 사업의 전략에 어울리는 선택을 의미한다. 일반 대중에게 표준적인 서비스를 제공할 것인지, 특수한 소수에게 프리미엄급 서비스를 제공할 것인지도 중요한 선택 항목이다. 현재 주류층을 대상으로 할 것인지, 미래 세대를 선점할 것인지도 선택 항목으로 중요하다. 혁신적이고 도전하는 회사는 미래 세대에게 마케팅을 하여 미래 시장을 선점하는 경우도 있다. 새로운 틱톡 서비스가 10대를 중심으로 성장하여 기존의 거인인 유튜브에 도전하는 스토리가 전형적 사례라고 볼 수 있다.

② 대중의 변화를 느끼라.

마케팅 회사의 중요한 조직 중 하나는 마켓 리서치팀이다. 이 팀은 인구 구조의 변화, 거시 경제의 환경, 신기술과 같은 큰 변화뿐 아니라 특정 제품과 인물에 대한 인터넷 댓글 하나 같은 미세한 목소리도 일상적으로 접하고자 한다. 다양한 트렌드 연구서도 그들의 필독서다. 당신이 이런 전문가처럼 세상의 변화를 감지할 수 있는 역량이 없을 수도 있다. 그러나 당신이 기업이나 정부의 제도를 기획하는 담당자라면 그 제도의 대상이 될 사람들을 미리 만나야 한다. 어떤 제품이나 서비스를 준비 중이라면 예상되는 소비자 몇 명과 만나는 것은 어렵지 않다. 이런 것은 마케팅적인 기획을 하는 사람이 해야 하는 최소한의 의무다.

그렇다면 그들과 만나서 무슨 얘기를 들어야 할까? 앞서 말했듯이 대중의 고통, 필요, 욕구를 파악해야 한다. 모든 사업, 제품, 서비스는 고객이 느끼는 고통, 필요, 욕구를 해소해주는 활동이며, 그 활동에 모든 역량을 집중해야 한다. 이는 마케팅에도 적용되는 말이다.

이런 기본적인 이야기에서 한발 더 나아가, 마케팅과 관련해 강조하고 싶은 점은 대중의 변화에 대해 듣고, 읽고, 느끼고, 파악하라는 것이다. 이는 마케팅을 비롯한 모든 사업이 대중의 선택을 차지하기 위한 치열한 경쟁이라는 사실과도 상관있다. 치열한 경쟁에서는 선두, 중간, 후미가 모두 최선을 다한다. 그렇다면 결과는? 지금의 강자가 계속 승리하고, 지금의 약자가 계속 그 위치에 머무를 수밖에 없다.

이는 마치 정해진 코스를 달려야 하는 스피드스케이팅 경기에서 선수 개개인이 가진 본연의 주력에 따라 매번 순위가 크게 바뀌지 않는 것과 마찬가지다. 반면에 기본적인 주력뿐 아니라 곡선과 직선 주로에 따른 전략, 상대방과의 몸싸움, 치열한 팀플레이가 허용되는 쇼트트랙에서는 예기치 못한 사고가 발생해 종종 순위가 뒤집히듯이, 변화가 있는 곳에서는 기존의 강자와 약자가 바뀔 수도 있다. 기업 간 경쟁에서도 마찬가지다. 변화가 있는 구간에서 기존의 순위가 바뀌기 때문에 기존의 강자가 자기 지위를 유지하기 위해서든, 기존의 약자가 역전하기 위해서든 대중의 변화에 민감하게 대응해야 한다.

지금 세상의 변화를 이끄는 것은 단연코 IT 기술이다. 경력 20년이 넘은 유명한 예능 PD가 새로운 여행 프로그램을 시작했다. 기존에 오랜 기간 함께하던 30~40대 남성 베테랑 예능인들이 아니라, 예능 경험이 없는 젊은 20대 여성들이 출언자였다. 해외 도시에서 갑자기 현지 식당을 찾아가는 미션. 그 PD의 예능에 익숙했던 사람들은 30~40대 남성 연예인들이 현지인과 엉터리 외국어로 의사소통하고, 버스나 전철을 못 찾아 헤매고, 좌충우돌하다가 정해진 시간에 헐레벌떡 들어오는 모습에 익숙했다. 그러나 20대 여성 연예인들은 처음에는 낯선 환경에 당황하다가, 잠시 후 현지 식당 이름을 구글에서 번역하고, 구글맵으로 가는 길을 찾아가 아주 여유 있게 목표지에 도착했다. 심지어 남은 시간에는 스태프를 위한 간식까지 챙기는 여유를 보이면서 말이다. 그런 모습에 그 PD는 당황하기까지 했다.

기획자가 대중과 함께하기 위해서는 얼리어답터를 넘어 혁신의 전도사가 되어야 한다. 기획자가 과거의 문법에 머물러 있다면, 대중은 그 기획을 선택할 이유를 찾지 못할 것이다.

③ 공감의 메시지를 담아라.

우리가 생산해내는 제품과 서비스는 결국 대중이 원하는 것에 대하여 우리가 준비한 답이다. 그리고 우리가 준비한 대답은 마케팅이 전달할 메시지가 되어야 한다.

고속 성장 시기의 사회에서는 좋은 품질, 믿을 만한 서비스라는 메시지가 힘을 발휘했다. 그러나 그런 메시지는 점점 선택을 강요하는 권위적이고 부담스러운 느낌으로 다가온다. 지금 대중이 원하는 것은 혁신이나 도전일 수도 있지만, 위로와 공감을 원하는 대중도 많다. 대중이 받아들이지 않는 메시지는 아무리 큰 광고 예산을 들이더라도 전달되지 않는다.

그래서 기업은 마케팅 메시지를 대중에게 효과적으로 전달할 방법을 고민했고, 그 답으로 '스토리'를 찾았다. 제품 기능과 성능에 대한 자세한 설명만으로 메시지 전달이 충분했던 시기는 과거가 되었고, 이제는 대중이 마음으로 공감하고 머리로 기억하기 쉬운, 그래서 다른 사람에게도 전달하고 싶은 강력한 스토리가 중요하다.

강력한 스토리가 갖출 조건을 전문적으로 다룬 서적이 많으니 두루 참고하길 바란다. 여기서는 그런 서적이 언급하는 주요 내용을 간략히 제시한다. 마케팅의 대가들이, 세계적인 스토리텔러들이 얘기하는 강력한 스토리의 조건은 무엇일까?

좋은 이야기에는 생생한 인물들이 등장한다. 졸업 이후 3년째 취직을 못 해서 물류센터 아르바이트를 시작한 취업준비생, 중소기업 생활 20년 만에 겨우 소형 아파트를 마련한 40대 가장, 대기업 임원 퇴직 후 막막함에 온라인 셀러를 준비하려는 60대. 이렇게 듣기만 해도 "사연 있어 보이는" 인물들이 나온다.

또 좋은 이야기에는 구체적인 무대가 있다. IMF 때 사업이 어려워진 이야기, 글로벌 금융 위기 때 대학을 졸업하고 스타트업을 창업한 젊은 경영자 이야기, 코로나 사태 때 사업을 접은 자영업자 이야기 등. 특별한 시간과 공간이 만들어내는 무대는 그 자체만으로도 이야기의 필연성을, 독특한 분위기를 강하게 만들어준다.

구체적인 무대 위 생생한 인물들은 그들만의 특별한 경험을 한다. 보잘것없는 약자가 갖은 고난을 뚫고 우뚝 서는 성장 스토리, 그 과정에서 특별한 인연을 만나 도움을 얻기도 하고, 배신을 당하기도 하는 만남 스토리, 비범한 능력을 보여주는 영웅 이야기 등은 대중의 마음에 강하게 박힌다.

기획자는 자신이 전달하고자 하는 메시지를 강력한 스토리에 담아내고 싶어한다. 그것이 혁신적인 제품이든, 정부의 정책이든, 회사의 지침이든 새로운 기획을 스토리에 담은 순간, 대중은 귀를 더 기울여줄 것이다.

고객이 원하는 것에서부터 시작하는 기획

모든 기업에서 마케팅의 역할이 중요해지면서, 제품과 서비스의 최초 기획 단계부터 마케팅의 개념이 반영되어야 한다. 제품을 만들고, 그 제품을 살 고객을 찾고, 그들에게 전달할 메시지를 선정하는 것은 이제 성공할 수가 없다. 대중을 관찰하고, 그들의 문제를 이해하고, 그들에게 전달할 메시지를 찾고, 이후에 그 메시지를 실현할 제품과 서비스를 개발하는 것이 마케팅적인 접근이다.

우리가 만들 수 있는 것에서 시작하는 게 아니라, 그들이 원하는 것에서 시작하는 것이 기획자의 발상 포인트여야 한다.

모든 기획은 기획자의 머리에서 시작한다. 머릿속에 있던 미래에 대한 이미지가 논리적이고 구체적인 말로 표현되어 세상에 태어나는 것이 기획서다. 그 기획은 동료와의 협력을 통해 다듬어지고 성장한다. 우리가 혼자 해결할 수 없는 부분은 외부 파트너의 힘을 빌리기도 해야 한다. 그리고 이 모든 기획은 최종적으로 고객의 마음에 전달되어야 한다. 고객의 마음에 전달되는 순간 기획의 성패가 결정되는 것이다. 그리고 그 결과는 또 다른 기획의 씨앗이 된다. 정말이지 길고, 어렵고, 끝이 없는 과정이다.

이 과정을 통해 당신은 기획자로 태어나는 것이다.

일을 주도하는 사람들의 공통점

2,876만 4,000명(2023년 10월 통계청 기준 취업자 수).

5,133만 7,000명이라는 대한민국 인구(2023년 11월 행정안전부 기준)의 약 56%인 이들은 회사원, 프리랜서, 자영업자, 기업가 등 사람의 수만큼 다양한 현장에서 오늘도 땀 흘리고 있다.

그 많은 사람이 이른 새벽 떠지지 않는 눈을 겨우 비벼 뜨고, 한 번이라도 더 만져보고 싶은 자녀의 얼굴을 스쳐보기만 하고, 잠시 앉을 수 있을까 하는 기대와 함께 만원 버스와 지하철에 몸을 욱여넣고, 늦지 않게 도착한 현장에서는 고객의 요구를 맞추고자 안 풀리는 문제를 해결하려 머리를 쥐어짜고, 짧은 점심 시간에 행복해했다가, 예상치 못한 사고에 가슴이 철렁 내려앉고, 마무리된 일에 잠시 안도하고, 몸은 지쳤지만 마음은 가벼운 퇴근을 하고……. 그렇게 치열하게 보내는 한 시간 한 시간이 쌓여 가정과 사회의 먹을 것, 입을 것을 해결하고 각자가 꿈꾸었던 미래를 준비해 나가는 것이 우리의 삶이다.

그 주변에는 평생 그들을 양육하고 키워온 선배 세대, 그들의 가정을 지키는 소중한 가족, 그들의 다음 순서를 기다리며 쉽게 열리지 않는 기회의 문을 열기 위해 더 열심히 미래를 준비하는 청춘이 있다.

그런 눈으로 보면 2,876만 4,000명, 아니 5,133만 7,000명 어느 누구도 자기 삶의 주인공이 아닌 사람이 없다. 유명한 정치인이나 거대한 기업의 경영자가 아니더라도 수천만의 하루하루는 각각의 주인공에게 어느 누구와도 바꿀 수 없는 소중한 인생이다.

그러나 "회사는 전쟁터 같지? 밖은 지옥이야."라는 말로 묘사될 만큼 우리의 현장은 만만치 않다. 수많은 사람의 감정을 소모하고, 스트레스 지수를 높이고, 때로는 건강을 해칠 만큼 괴로운 곳이다. 그 안에 있는 사람들도 마찬가지다. 나 같은 인사 담당자에게는, 세상을 다 가진 듯 빛나던 신입사원이 부서 배치 후 몇 달 만에 병색이 느껴질 정도로 피로와 긴장에 찌든 모습으로 변해가는 것만큼 우리 현장의 괴로움을 극명하게 나타내는 예는 없는 듯하다.

"우리 직장인이 더 행복하고 신나게 살 수 있는 방법은 없을까?"

인사 담당자로서 지내온 지난 시간, 내가 가장 오랫동안 고민하고 연구했던 주제다.

그런데 이 세상에는 뭔가 다른 존재들이 있어서 우리의 신경을 자극하기도 한다. 수십 년을 휴가는커녕 새벽 4시 회의가 다반사라는 실리콘밸리의 천재 기업가 얘기가 들린다. 우리 주변에도 어떻게 저렇게 살까 싶게 이해할 수 없을 정도로 목숨 걸고 일하는 사람들이 있다. 그들 중에는 일이 재밌다고 얘기하는 사람들도 있다.

그들은 대부분 경영자다. 더 노골적으로는 창업자인 경우가 많다. 아마 그들은 자기가 노력하여 거대한 기업을 이룩했다는 성취감 자체로 피곤을 잊을 수 있을 것이다. 그들의 노동에 대해서는 대단한 금전적 보상이 따르는 것도 중요한 요인일 것이다. 그런데 그 외에도 중요한 것이 하니 있는 것 같다. 그들은 수많은 선택에 있어서 자기가 결정하는 것들이 많다.

바로 주도성! 주도성을 가진 사람이 현장에서 의욕과 열정을 가질 수 있다. 그 의욕과 열정은 직장인의 정신적 행복과도 깊은 관련이 있다. 일론 머스크나 마윈과 같은 천재 기업가뿐 아니라 우리 같은 평범한 직장인 모두에게 적용되는 원리다.

거대 기업의 창업자이든 보잘것없는 규모의 조직에 몸담은 기획 담당자이든, 어떤 일을 주도하는 사람들만의 공통점이 있다. 이들은 각자의 머릿속에서 세상 누구도 가보지 않은 길을 개척하고 있고, 누구도 생각하지 못한 문제를 해결하고 있다. 그런 사람은 누구에게 끌려다니지 않는다. 스스로를 단련하며 타인을 이끌어가는 리더다.

그렇다면 이제 당신이 주도성을 발휘해보면 어떨까? 당신의 현실이 그것을 허락하지 않을 수 있다. 당장 주어진 일을 헤쳐 나가는 데 급급할 수도 있고, 당신의 일 자체가 상사의 지시대로 수행하는 것뿐이라고 생각할 수도 있다.

그러나 그 와중에도 당신은 스스로 주도성을 발휘할 수 있다. 당신이 지금까지 받은 피드백을 돌아보고, 무엇이 더 필요한지, 그것을 채우려면 어떻게 해야 하는지 전략을 세워볼 수 있다.

구체적으로 우리의 현장을 생각해보자. 많은 직장인이 상사의 지시를 받는다. 당신은 그 지시를 100% 달성하는 게 궁극의 목표라고 여길 수도 있다. 그러나 그렇게 되면 당신은 상사의 손바닥 안을 벗어나지 못한다. 아무리 잘해봐야 상사가 예상하고 기대한 수준에 도달하거나 약간 초과하는 수준일 뿐이다. 더 큰 문제는 지시를 내린 상사도 완벽하지는 않다는 것이다. 지시를 100% 달성한다 해도, 지시 자체가 잘못되었다면 그 결과물의 부가가치는 높을 수가 없다.

바로 이 지점이 중요하다! 상사가 완벽하다는 고정관념을 깨는 것. 상사는 모든 걸 아는 존재가 아니다. 그의 의견에도 허점이 많다. 그의 지시를 '이용해서' 내가 더 넓고, 더 깊고, 더 완벽하게 기획할 가능성이 열려 있다. 이런 경험을 통해 당신은 지금의 당신을 넘어서고, 당신의 상사를 초월하여 진정한 기획가로 성장할 것이다.

그럼 이제 실천해보자. 당신의 주변인이 당신을 좀 낯설어하더라도 그 시선을 즐기자. 당신이 그런 주도적이고 열정적인 사람이 되었으면 한다.

물론 쉽지 않을 것이다. 어색할 것이고. 세상의 모든 변화와 성장은 성장통을 동반한다. 그러나 그 고통을 참아내는 것이 바로 당신이 더 자유로운 기획자로 완성되어가는 길이다.

당신의 내일을 기대한다. 당신의 얼굴에도 20년 전 인도의 태권도장 문을 여는 '조 대리'의 장난꾸러기 표정이 생겨나길 응원한다.

당신을 초대합니다.

조성후 대표, 박준서 작가와 함께하는

기획자 클럽에 당신을 초대합니다.

인류를 화성에 보낼 꿈이든, 작지만 특별한 카페를 꾸밀 계획이든

세상의 모든 아이디어는 소중하고 아름답습니다.

여기 먼저 도전하고 있는 사람들입니다.

현장에서만 얻을 수 있는 지혜와 경험을 나누어

함께 도전하는 세상을 만들고자

당신을 초대합니다.

(자세한 내용은 아래의 QR 코드에서 확인해 주세요.)

박경택__성신RST 부사장

가봉, 콩고, 탄자니아에 이어 방글라데시에서 우리가 만든 기차가 달릴 때의 기쁨을 어떻게 표현할 수 있을까요? 그 순간의 기쁨을 위해 우리가 수많은 과제를 해결해온 과정은 해산의 고통과도 같았습니다. 기획자란 그 고통을 이겨내는 인내의 길을 '자발적'으로 선택하는 사람입니다. 그 용기 있는 선택을 한 당신을 만나고 싶습니다.

차재봉__한국화성 대표이사

우리 같은 중소기업이 대기업 틈바구니에서 생존하려면 어떻게 해야 할까? 이 물음에 답하기 위해 땀나게 뛰는 일이 저의 '기획'입니다. 제갈공명이 고결한 선비에 머물지 않고 동오의 땅바닥을 훑으며 다녔다는 이야기가 제 마음을 크게 울린 이유이기도 하지요. 플라스틱 화학물 제조라는 저의 현장에서는 기획을 잘하려면 다른 무엇보다도 몸이 건강해야 합니다. 건강한 몸으로 큰 꿈을 꾸는 사람, 매력적일 수밖에 없습니다. 그런 당신을 초대합니다.

백인수__가넷성형외과 원장

병원을 찾는 분들은 모두 자신의 외모를 바꾸고 싶어 합니다. 고객에게 원하는 모습을 드리는 것이 당연히 제 일이고요. 그런데 점점 더 외모보다 그분들의 마음에 눈이 갑니다. 대인관계에서 받은 상처, 취업 실패 경험과 그로 인한 패배감. 이런 것들이 마음에 쌓여 있는 모습을 봅니다. 보이지 않는 그 상처받은 마음을 어루만져줄 때 진정한 치료가 시작되는 것 같습니다. 그런 보이지 않는 마음을 보는 능력. 그 힘을 믿는 당신을 만나고 싶습니다.

타츠오 오가타__JTMT, 자원 재활용 기업 CEO

자원 재활용이라는 사업의 특성상 저의 현장은 폐기물과 먼지로 가득합니다. 그곳에서 이 세상에 꼭 필요한 자원을 다시 찾아내지요. 그 일은 이 세상을 다시 움직이게 하고, 이 지구를 더 건강한 곳으로 만듭니다. 이를 위해 무역상이었던 저는 늦은 나이에도 연구원과 교수님 못지않게 공부하고 연구하였습니다. 꿈을 이루기 위해 공부하는 데 늦은 나이는 없었습니다. 새로운 세상 흐름을 배우기 위해 포기하지 않는 기획자. 그런 당신을 초대합니다.

엄태준__에이티제이매뉴팩처링 대표

조성후 대표가 반도체 중고장비 사업을 기획하는 그 현장에 같이 있었습니다. 저 역시 반도체 장비 산업에서 미래를 보았고, 제 일생을 건 도전을 했습니다. 그 도전의 시간을 거쳐 저는 아무것도 몰랐기에 겁도 없었던 청년에서 원숙을 바라는 중년이 되었지만, 처음 내 사업을 기획하고 독립을 선언했던 설레는 마음은 아직도 그대로입니다. 평생 그 설레는 마음을 잃지 않고, 하루하루를 더 힘차게 살아갈 기획자. 당신을 만나고 싶습니다.

권준영__NH투자증권 부장

자기 사업을 확신하며 장밋빛 미래를 그리는 사람들은 많습니다. 그러나 그 미래를 현실로 만들어내는 사람은 적습니다. 즐거운 상상이 견고한 현실로 변해가는 과정은 그만큼 쉽지 않은 일입니다. 특히 재무 준비를 철저히 하지 않은 사업 아이디어는 모래 위에 짓는 집과 같이 한 번에 무너집니다. 그것이 현실입니다. 그래서 뜨거운 상상을 하더라도, 차

갑게 현실을 분석하는 냉철함은 기획자의 필수 역량입니다. 뜨거운 상상과 냉철한 판단을 갖추길 원하는 당신을 만나고 싶습니다.

권재현 __ 에스아이콘 대표

소위 소부장(소재·부품·장비)이라고 불리는 반도체 제조설비업. 그것이 제가 하는 일입니다. 고객들이 낯설게 느낄 수도 있고, 화려한 스포트라이트는 없는 일입니다. 그러나 이 보이지 않는 곳에서의 치열한 싸움으로 한 국가의 경쟁력과 미래가 결정됩니다. 한국이 미국, 일본 같은 선진국과 가장 직접적으로 경쟁하는 분야이기도 합니다. 우리 청년들이 더 신선한 아이디어와 뜨거운 열정으로 함께 도전해주면 좋겠습니다. 그런 청년들을 기다립니다.

김병규 __ 이니어스 프라이빗에쿼티 상무

세상을 바꿀 혁신을 기대하며 우리 사무실에 오는 도전자들은 참 다양합니다. 이제 갓 성인이 된 겁 없는 젊은이도 있고, 몇 번의 실패로 삶의 위기에 몰린 절박한 가장도 있습니다. 그들 모두가 성공하지는 못하며, 오히려 실패할 확률이 더 크다는 사실 때문에 마음이 무거워집니다. 그러나 그런 힘든 도전을 하려는 사람이 점점 줄어드는 현실이 더 무섭기도 합니다. 그래서 도전하는 사람은 무조건 반갑습니다. 응원하겠습니다. 그런 당신을 초대합니다.

김동규 __ 아이글로벌 대표

다른 산업도 그렇겠지만, 반도체 업계는 정말 수많은 기업이 네트워크를 형성하고 있습니다. 삼성, 하이닉스처럼 이름만 들어도 알 만한 글로벌 기업조차 함께 협력하는 파트너들 없이 혼자 설 수는 없습니다. 글로벌 기업들은 그들대로, 우리 같은 전문기업은 또 우리대로 치열하게 기획하고 빈틈없이 실행해야 거대한 산업의 생태계가 완성됩니다. 그래서 모든 기획은 소중합니다. 기획자인 당신을 만나고 싶습니다.

이혜진 __ 사운드 오브 사일런스 대표

어울리지 않을 듯한 것들이 함께 모여 존재하지 않았던 가치를 만들어냅니다. 우리 사업장의 이름인 '사운드 오브 사일런스' 역시 그 자체부터 모순입니다. 사람들이 이런 모순을 받아들이는 데에는 시간이 필요합니다. 그 순간이 올 때까지 그것을 기획한 사람은 끈기를 가지고 버텨야 합니다. 그렇게 탄생한 기획들이 우리의 삶을 더 풍요롭게 해줍니다. 그런 기획을 사랑하는 당신을 초대합니다.

기획자의 탄생

초판 1쇄 발행 2024년 4월 11일

지은이 • 박준서, 조성후

펴낸이 • 박선경
기획/편집 • 이유나, 지혜빈, 김선우
홍보/마케팅 • 박언경, 황예린
디자인 제작 • 디자인원(031-941-0991)

펴낸곳 • 도서출판 갈매나무
출판등록 • 2006년 7월 27일 제395-2006-000092호
주소 • 경기도 고양시 일산동구 호수로 358-39 (백석동, 동문타워 I) 808호
전화 • 031)967-5596
팩스 • 031)967-5597
블로그 • blog.naver.com/kevinmanse
이메일 • kevinmanse@naver.com
페이스북 • www.facebook.com/galmaenamu
인스타그램 • www.instagram.com/galmaenamu.pub

ISBN 979-11-91842-65-4/03320
값 18,000원